其中的建议和策略可能并不适合所有情况。本作品在出售时有一项谅解，即作者和出版商均不对本书中的建议所产生的结果负责;这项工作旨在对读者进行比特币教育，而不是提供投资建议。所有图片均为作者的原创财产，如图片来源所述不受版权保护，或经财产所有者同意使用。

audepublishing.com

版权所有 © 2024 Aude Publishing LLC

保留所有权利。

未经出版商事先书面许可，不得以任何形式或任何方式（包括影印、录音或其他电子或机械方法）复制、分发或传播本出版物的任何部分，但评论中包含的简短引用和版权法允许的某些其他非商业用途除外。

2021 年 9 月第一版平装本。

打印 ISBN 9798486794483

介绍

《Bitcoin: Answered》试图解开公众所接收的比特币信息碎片化网络。无论个人对加密货币和比特币的态度如何（对于那些没有研究过的人来说，其中大多数要么过于乐观，要么过于愤世嫉俗），加密货币的影响力正在以这样的速度增长，并以这样的速度安装在金融生态系统中，以至于不了解比特币的基线历史、概念和可行性比不了解比特币更具破坏性。希望您会发现这些信息非常吸引人；比特币是第一种全新的思考货币和交易价值的方式。到最后，您将了解比特币、数字货币和区块链的范围；应该指出的是，这些系统中的许多仅在最宽松的意义上具有可比性，并且此类技术的潜在和适用用例非常令人震惊，特别是考虑到自半个世纪前从金本位制中删除货币以来，法定货币的生态系统几乎没有变化。将所有加密货币视为比特币，将比特币视为边缘泡沫是完全错误的；是的，比特币远非完美，但从本质上讲，价值的数字化和去中心化还有很多东西。本书通过简单的、基于问题的格式解决了所有这些概念以及更多内容，从"什么是比特币"开始。根据您的知识随意浏览，或从头到尾阅读；无论哪种方式，我和我的团队的希望是，你在阅读本书时，能从情感、技术、历史和概念的角度理解比特币，并持续感兴趣和渴望了解更多信息。更多资源可以在本书的后面找到。

现在,我们继续前进,在对知识的崇高追求中。
享受这本书。

什么是比特币？

比特币有很多东西：一个开源的、点对点的全球计算机网络、一系列协议、数字黄金、新技术的前沿、加密货币。在物理上;比特币是 13,000 台运行各种协议和算法的计算机。从概念上讲，比特币是一种简单安全的全球交易手段;一股民主化的力量，一种透明和匿名融资的手段。在物理和概念之间的桥梁上，比特币是一种加密货币;一种纯粹存在于网络上的价值手段和储存手段，没有任何物理形式。然而，所有这一切都像是问"什么是钱"的问题，然后回答"纸片"。一个不熟悉比特币的人阅读了上面的段落，几乎肯定会得到更多的问题而不是答案;因此，"什么是比特币"这个问题本质上是本书的问题，通过对每个部分的分析，你有望对整体有所了解。

谁开始了比特币？

中本聪（Satoshi Nakamoto）是创造比特币的个人，或者可能是一群人。人们对这个神秘人物知之甚少，他的匿名催生了无数阴谋论。虽然中本聪在官方点对点基金会网站上将自己列为来自日本的 45 岁男性，但他在电子邮件中使用了英国习语。此外，他工作的时间戳与美国或英国的人更吻合。大多数人认为他的失踪是有计划的（许多人将他的工作与圣经参考资料联系起来），而另一些人则认为中央情报局等政府组织与他的失踪有关。这些只不过是边缘理论;然而，一个事实是，比特币的创造者目前拥有价值超过 700 亿美元（相当于 110 万比特币）的财富，如果比特币再上涨几百个百分点，这位匿名的亿万富翁，加密货币之父，将成为世界上最富有的人。

[1] MikeG001 / CC BY-SA 4.0

上面的视觉效果代表了比特币的起源（意思是"第一个"）区块。比特币的创始人中本聪（Satoshi Nakamoto）在代码中输入了一条消息，内容如下："泰晤士报 2009 年 1 月 3 日财政大臣即将对银行进行第二次救助。

谁拥有比特币？

比特币被"拥有"的想法仅在最分散的意义上是正确的。大约有 2000 万人共同拥有世界上所有的比特币，但比特币本身作为一个网络，是无法拥有的。[2]

---

[2] 从技术上讲，全球有 2050 万人持有至少 1 美元的比特币。

比特币的历史是什么？

这是加密货币、区块链和比特币的简史。

- 1991 年，首次概念化了加密安全的区块链。
- 近十年后，在 2000 年，Stegan Knost 发表了他关于密码学安全链的理论，以及实际实施的想法。
- 8 年后，中本聪发布了一份白皮书（白皮书是一份详尽的报告和指南），建立了区块链模型，并于 2009 年实施了第一个区块链，该区块链被用作使用他开发的加密货币进行的交易的公共账本，称为比特币。
- 最后，在 2014 年，区块链和区块链网络的用例（用例是可能使用产品或服务的特定情况）是在加密货币之外开发的，从而为比特币向更广阔的世界开放了可能性。

有多少比特币？

比特币的最大供应量为 2100 万枚硬币。截至 2021 年，有 1870 万个比特币在流通，这意味着只剩下 230 万个比特币需要投入流通。在这个数字中，每天有 900 个新的比特币通过挖矿奖励添加到流通供应中。[3] 挖矿奖励是给予解决复杂方程以处理和验证比特币交易的计算机的奖励。运行这些计算机的人被称为"矿工"。任何人都可以开始比特币挖矿；即使是一台基本的 PC，也可以成为一个节点，也就是网络中的一台计算机，开始挖矿。

---

[3] "有多少比特币？还剩下多少可以开采？"（2021 年）。
https://www.buybitcoinworldwide.com/how-many-bitcoins-are-there/。

比特币是如何运作的？

比特币和几乎所有加密货币都通过区块链技术运行。

区块链，就其最基本的形式而言，可以被认为是将数据存储在块的文字链中。让我们来看看块和链究竟是如何发挥作用的。

- 每个区块将存储数字信息，例如交易的时间、日期、金额等。
- 该区块将通过使用您的"数字密钥"来了解哪些各方参与了交易，"数字密钥"是您在打开钱包时收到的一串数字和字母，其中包含您的加密货币。
- 但是，块不能自行运行。区块需要来自其他计算机的验证，也就是网络中的"节点"。
- 其他节点将验证一个区块的信息。一旦他们验证了数据，如果一切看起来都不错，区块及其携带的数据将被存储在公共账本中。
- 公共账本是一个数据库，记录了网络上曾经进行的每一笔已批准的交易。大多数加密货币，包括比特币，都有自己的公共账本。

- 账本中的每个区块都与它之前的区块和它之后的区块相关联。因此，块形成的链接形成了一个链状图案。因此，形成了区块链。

> 摘要：**块** 代表数字信息，**链** 代表数据在数据库中的存储方式。

因此，回顾一下我们之前的定义，区块链是一种新型的数据库。以下是网络中每个区块的可视化细分。

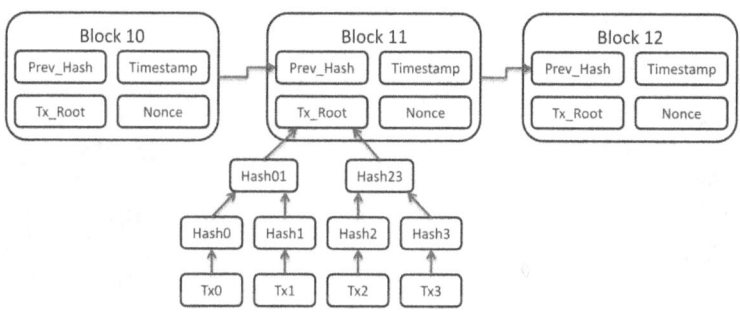

---

4 马特乌斯·万德 / CC BY-SA 3.0

什么是比特币地址？

地址（也称为公钥）是用作识别码的唯一数字和字母集合，可与银行帐号或电子邮件地址（例如：1BvBESEystWetqTFn3Au6u4FGg7xJaAQN5）相媲美。有了它，您可以在区块链上进行交易。地址连接到基础区块链;例如，比特币地址位于比特币网络和区块链上。地址具有圆形、彩色的"徽标"，称为地址标识（或简称为"图标"）。这些图标可让您快速查看是否输入了正确的地址。每次您发送或接收加密货币时，您都将使用一个关联的地址。但是，地址不能存储资产;它们仅用作指向钱包的标识符。

Bitcoin Address
SHARE
1DpQP4yKSGWXWrXNkm1YNYBTqEweuQcyYg

Private Key
SECRET
L4NhQX1DFJpFAJJYAHKkpukerqxtjF1XhvR5J2PQcnDparA2vD9M

---

[5] bitaddress.org

什么是比特币节点？

节点是连接到区块链网络的计算机，它协助区块链编写和验证区块。一些节点下载其区块链的整个历史记录；这些节点称为主节点，比常规节点执行更多的任务。此外，节点绝不与特定网络绑定；节点几乎可以随意切换到不同的区块链，就像多池挖矿一样。总的来说，比特币和加密货币的整个分布式性质，以及许多底层的区块链和安全功能，都是通过基于节点的全球系统的概念和利用来实现的。

比特币的支撑位和阻力位是什么？

在这里，我们深入研究了比特币的技术分析和交易：支撑是代币或代币的价格，该资产不太可能跌破，因为许多人愿意以该价格购买该资产。通常，如果一枚硬币触及支撑位，它将反转为上升趋势。这通常是购买代币的好时机，但如果价格跌破支撑位，代币可能会进一步跌至另一个支撑位。另一方面，阻力是资产难以突破的价格，因为许多人发现这是一个不错的卖出价格。有时，抵抗水平可能是生理性的。例如，比特币可能会触及 50,000 美元的阻力位，因为许多人认为"当比特币达到 50,000 美元时，我会卖出。通常，当阻力位被突破时，价格会迅速攀升。例如，如果比特币确实突破了 50,000 美元，价格可能会迅速攀升至 55,000 美元，届时它可能会面临更多阻力，然后 50,000 美元可能会成为新的支撑位。

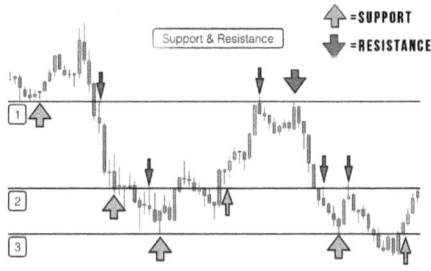

你如何阅读比特币图表？

这是一个宏大的问题;为了回答这个问题，以下部分将旨在分解用于阅读比特币和其他加密货币的最流行的图表类型以及如何阅读此类图表。

图表是检查价格和找到模式的基础。图表在一个层面上是简单的，而在另一个层面上，是深刻而复杂的。我们将从基础知识开始;不同类型的图表及其不同的用途。

折线图

折线图是通过一条线表示价格的图表。大多数图表都是折线图，因为它们非常容易理解，尽管它们包含的信息比流行的替代品少。Robinhood 和 Coinbase（两者都针对经验不足的投资者提供服务）将折线图作为默认图表类型，而针对更有经验的受众的机构，如嘉信理财和币安，则使用其他图表形式作为默认图表。

---

[6] 基于 CC BY-SA 4.0 图片由 Akash98887 File:Support_and_resistance.png

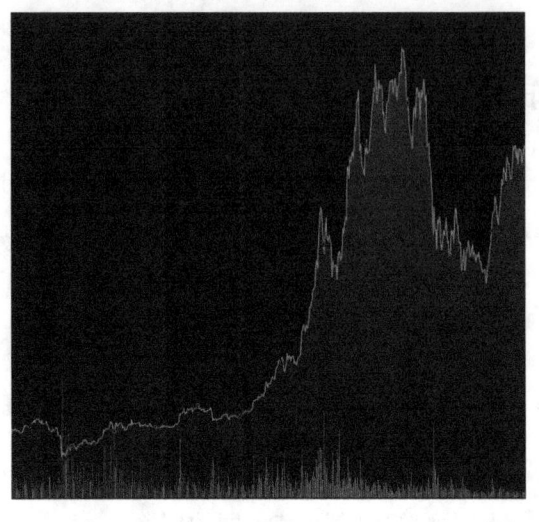

(tradingview.com) 折线图

K线图

蜡烛图是显示硬币信息的一种更有用的形式;此类图表是大多数投资者的首选图表。在给定的时间段内,K线图具有广泛的"真实实体",并且通常表示为红色或绿色(另一种常见的配色方案是空/白色和填充/黑色真实实体)。如果它是红色的(填写),则收盘价低于开盘价(意味着它下跌了)。如果真实正文为绿色(空),则收盘价高于开盘价(表示它上涨)。真实身体的上方和下方是"灯芯",也称为"阴影"。灯芯显示该时期交易的最高价和最低价。因此,结合我们所知道的,如果上线芯(又名上影线)接近真实实体，则白天达到的硬币或代币越高，就越接近收盘价。因此，反之亦然。您需要对蜡烛图有扎实的了解，因此我建议您访问 tradingview.com 等网站以获得舒适感。

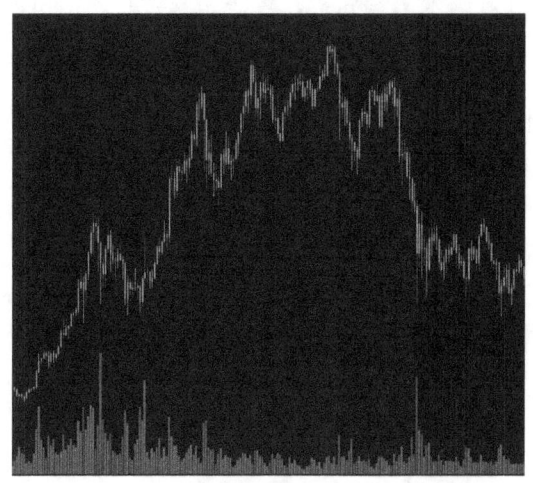

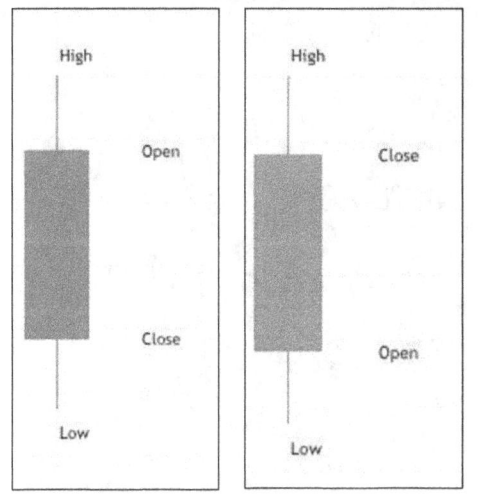

(tradingview.com) Figure 11: Bearish Candle[xi]

K 线图

Renko 图表

Renko 图表仅显示价格走势，而忽略了时间和交易量。Renko 来自日语术语"renga"，意思是"砖块"。Renko 图表使用砖块（也称为盒子），通常是红色/绿色或白色/黑色。Renko 框仅在后续框的右上角或右下角形成，而下一个框只有在价格通过前一个框的顶部或底部时才能形成。例如，如果预定义的金额为"$1"（将其视为类似于 K 线图上的时间间隔），则只有当下一个框高于前一个框的价格高于或低于前一个框的价格 1 美元时，才能形成下一个框。这些图表将趋势简化并"平滑"为易于理解的模式，同时消除随机价格行为。这可以使进行技术分析变得更加容易，因为支撑位和阻力位等模式的显示更加明显。

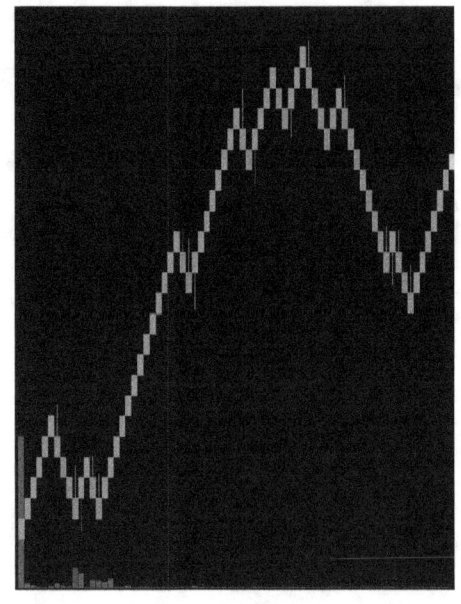

点数图

虽然点数（P&F）图表并不像此列表中的其他图表那样出名，但它们确实具有悠久的历史，并被誉为用于识别良好进入和退出点的最简单图表之一。与 Renko 图表一样，P&F 图表并不直接说明时间的流逝。相反，X 和 O 是成列堆叠的；每个字母代表一个选定的价格走势（就像 Renko 图表中的块一样）。Xs 表示价格上涨，Os 表示价格下跌。请看这个顺序：

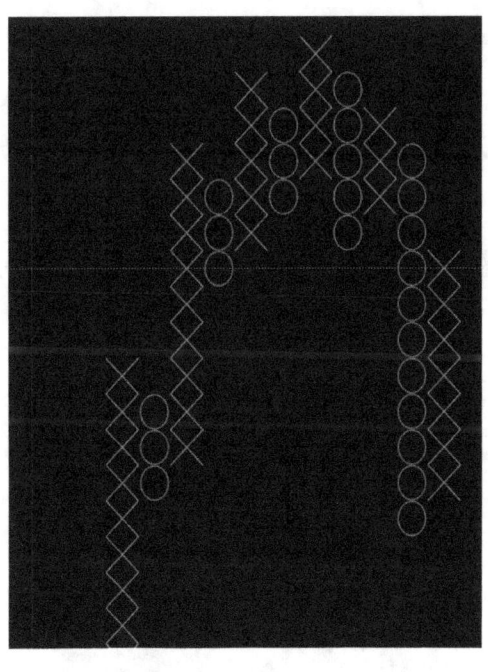

假设选择的价格走势是 10 美元。我们必须从左下角开始：3 个 X 表示价格上涨 30 美元，2 个 O 表示下跌 20 美元，然后最后 2 个 X 表示价格上涨 20 美元。时间无关紧要。

Heiken-Ashi 图表

Heikin-Ashi（hik-in-aw-she）图表是蜡烛图的更简单、平滑的版本。它们的功能与蜡烛图（蜡烛、灯芯、阴影等）几乎相同，只是 HA 图表在两个时期而不是一个时期内平滑价格数据。从本质上讲，这使得 Heikin-Ashi 比 K 线图更受许多交易者的青睐，因为模式和趋势更容易被发现，并且在很大程度上被省略了错误信号（小的、无意义的走势）。也就是说，更简单的外观确实掩盖了与烛台相关的一些数据，这也是 Heikin-Ashis 尚未更换烛台的部分原因。因此，我建议您尝试两种图表类型，并找出最适合您的风格和辨别趋势的能力。

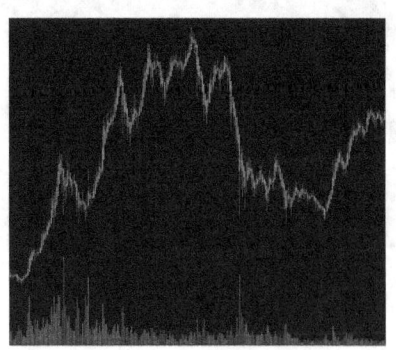

tradingview.com

答：请注意，Heikin-Ashi 图表上的趋势比烛台图上的趋势更平滑、更清晰。

图表资源

- **TradingView**

  tradingview.com （最佳整体，最佳社交）

- **币市值**

  coinmarketcap.com （简单，容易）

- **加密观察**

  cryptowat.ch （非常成熟，最适合机器人）

- **加密视图**

  cryptoview.com （非常可定制）

图表模式分类

对图表模式进行分类,以快速了解其作用和目的。以下是一些此类分类:

乐观

所有看涨模式都可能导致结果有利于上行,因此,例如,看涨模式可能会导致 10% 的上升趋势。

看跌

所有看跌模式都可能导致结果有利于下行,因此,例如,看跌模式可能导致 10% 的下跌趋势。

烛台

K 线图模式特别适用于 K 线图,而不是所有图。这是因为烛台形态依赖于只能以蜡烛(主体和灯芯)格式出现的信息。

柱线/蜡烛数量

形态中的柱线或蜡烛数量通常不超过三个。

延续

延续形态表明形态前的趋势更有可能继续。因此，例如，如果在上升趋势的顶部形成延续模式 X，则上升趋势可能会继续。

突破

突破是高于阻力位或低于支撑位的走势。突破形态表明这种走势是可能的。该突破的方向特定于形态。

倒转

反转是价格方向的变化。反转模式表明价格的方向可能会发生变化（因此，上升趋势将变成下降趋势，下降趋势将成为上升趋势）。

有哪些类型的比特币钱包？

存在几种不同类别的钱包，它们在安全性、可用性和可访问性方面有所不同：

一、*纸钱包*。纸钱包定义了私有信息（公钥、私钥和助记词）在纸上的存储，顾名思义。这是有效的，因为任何公钥和私钥对都可以形成一个钱包;不需要在线界面。数字信息的物理存储被认为比任何形式的在线存储都更安全，这仅仅是因为在线安全面临大量潜在的安全威胁，而如果管理得当，物理资产几乎不会受到入侵的威胁。要创建比特币纸钱包，任何人都可以访问 bitaddress.org 生成公共地址和私钥，然后打印信息。二维码和钥匙串可用于促进交易。然而，鉴于纸钱包持有者相对于超安全在线选项面临的挑战（水损坏、意外丢失、模糊性），不再建议使用纸钱包来管理重要的加密货币持有量。

二、*热钱包/冷钱包*。热钱包是指连接到互联网的钱包;相反，冷存储是指未连接到互联网的钱包。热钱包允许账户所有者发送和接收代币;然而，冷存储比热存储更安全，并且提供了纸钱包的许多好处，而没有那么大的风险。大多数交易所允许用户只需按几个按钮即可将持有的资产从热钱包（这是默认的）转移到冷钱包（Coinbase 将冷/离线存储称为"金库"）。从冷库中提取资产需要几天时间，这又回到了热库和冷库的可访问性与安全性动态。如果您有兴趣长期持有加密资产，那么交易所内的冷存储是您的不二之选。如果您打算积极交易或从事持股交易，冷藏不是一个可行的选择。

三. *硬件钱包*。 硬件钱包是存储您的私钥的安全物理设备。此选项允许一定程度的在线访问（因为硬件钱包使访问馆藏变得非常容易）与未连接到互联网的存储方式相结合，因此更安全。一些流行的硬件钱包，如 Ledger （ledger.com） 甚至提供与硬件钱包协同工作的应用程序，而不会影响安全性。总体而言，硬件钱包对于认真和长期持有者来说是一个不错的选择，尽管必须考虑物理安全性;这种钱包以及纸质钱包最好存储在银行或高端存储解决方案中。

比特币挖矿有利可图吗？

当然可以。比特币矿工租金的平均年投资回报率从高个位数到低两位数不等，而自我管理比特币挖矿的投资回报率则在两位数之间变化（用一个数字来计算，预计每年20%到150%，而40%到80%是正常的）。无论哪种方式，这一回报率都超过了 10%的历史股市和房地产回报率。然而，比特币挖矿是不稳定和昂贵的，并且有很多因素会影响每个人的回报。在下一个问题中，我们将研究比特币挖矿盈利能力的因素，这些因素可以更好地了解估计的回报，以及为什么有些月份和矿工表现特别好，有些则不然。

是什么影响了比特币挖矿的盈利能力？

以下变量对于确定比特币挖矿的潜在盈利能力至关重要：

加密货币价格。主要影响因素是给定加密货币资产的价格。比特币价格上涨 2 倍会导致挖矿利润增加 2 倍（因为赚取的比特币数量保持不变，而等值会发生变化），而下跌 50% 会导致利润减少一半。鉴于加密货币的波动性，尤其是比特币的波动性，需要考虑价格。然而，一般来说，如果你从长远来看相信比特币和加密货币，价格变化应该不会影响你，因为你的重点是建立长期资产，这只能根据此列表中的其他因素而变化。

哈希率和难度。哈希率是求解方程和找到块的速度。矿工的哈希率大致等同于收益，更多的矿工进入系统（从而增加了网络的哈希率和相关的挖矿"难度"，这是一个描述挖矿区块难度的指标）稀释了每个矿工的哈希份额，从而稀释了盈利能力。通过这种方式，竞争通过难度和哈希率来降低利润。

电价。随着采矿过程变得越来越困难，电力需求也随之增加。电价可以成为盈利能力的主要参与者。

减半。 每 4 年，被编程为比特币的区块奖励减半，以逐步减少代币的流入和总供应量。目前（自 2020 年 5 月 13 日起持续到 2024 年），矿工奖励为每个区块 6.25 比特币。然而，到 2024 年，区块奖励将降至每个区块 3.125 比特币，依此类推。以这种方式，长期挖矿奖励必须下降，除非每个硬币的价值上升与区块奖励的减少一样多或更多。

硬件成本。 当然，开采比特币所需的硬件的实际价格在利润和投资回报率中起着很大作用。挖矿可以在普通 PC 上轻松设置（如果您有，请查看 nicehash.com）；也就是说，设置完整的装备涉及主板、CPU、显卡、GPU、RAM、ASIC 等的成本。简单的出路是购买预制钻机，但这需要支付溢价。自己做可以省钱，但也需要技术知识；一般来说，自己动手做的选项至少需要 3,000 美元，但通常接近 10,000 美元。必须考虑所有这些硬件因素，以便在快速变化的比特币和加密货币挖矿环境中对潜在回报做出体面的估计。

总结这个问题，影响采矿盈利能力的变量很多，而且变化很快，潜在收益偏向于能够获得廉价电力的大型农场。也就是说，加密货币挖矿肯定仍然非常有利可图，并且回报（不包括全市场崩溃的可能性）在相当长的一段时间内已经并可能远远领先于预期的股市回报或大多数其他资产类别的正常回报。

有真正的实物比特币吗？

没有，也可能永远不会有实物比特币;它被称为"数字货币"是有原因的。也就是说，随着时间的推移，通过更好的交易所、比特币自动取款机、比特币借记卡和信用卡以及其他服务，比特币的可访问性将增加。希望有一天，比特币和其他加密货币将像实物货币一样易于使用。

比特币是无摩擦的吗？

无摩擦市场是一个理想的交易环境，在这种环境中，交易没有成本或限制。比特币市场（由货币对组成）虽然走在无摩擦的道路上（尤其是在全球汇款方面），但离真正存在还差得很远。

HTTPS://LibertyTreeCS.New YorkPet.org/2016/03/Is-Bitcoin-Really-Frictionless/

比特币是否使用助记词？

助记词是助记词的等价术语;两者都代表 12 到 24 个单词的序列，用于识别和表示钱包。将其视为备用密码;有了它，您永远不会失去对帐户的访问权限。另一方面，如果您忘记了它，则无法重置或取回它，并且拥有它的任何其他人都可以访问您的钱包。所有可以持有比特币的钱包都使用助记词;您应该始终将这些短语保存在安全和私密的位置;在纸上是最好的，最好是在保险库或保险箱里的纸上。

Your Seed Phrase

Your Seed Phrase is used to generate and recover your account.

1. issue	2. flame	3. sample
4. lyrics	5. find	6. vault
7. announce	8. banner	9. cute
10. damage	11. civil	12. goat

Please save these 12 words on a piece of paper. The order is important. This seed will allow you to recover your account.

---

[7] FlippyFlink / CC BY-SA 4.0 许可证
File:Creating-Atala_PRISM-crypto_wallet-seed_phrase.png

如果你把比特币寄到错误的地址，你能拿回你的比特币吗？

退款地址是一个钱包地址，可以在交易失败时作为备份。如果发生此类事件，则会向指定的退款地址退款。如果您需要提供退款地址，请确保该地址正确无误，并且可以接收您发送的令牌。

比特币安全吗？

比特币由底层系统区块链网络管理，是世界上最安全的系统之一，原因如下：

一. *比特币是公开的。* 与许多加密货币一样，比特币有一个记录所有交易的公共账本。由于拥有和交易比特币不需要提供私人信息，并且所有交易信息在区块链上都是公开的，因此入侵者没有什么可以入侵或窃取的；入侵比特币网络并从中获利的唯一选择（不包括人为故障点，例如交换攻击和丢失密码；我们专注于比特币本身）是 51% 的攻击，在比特币的规模上，这几乎是不可能的。"公开"也与比特币的无许可有关；没有人控制它，因此任何主观或单一的观点都不能影响整个网络（未经网络中其他所有人的同意）。

二. *比特币是去中心化的。* 比特币目前通过 10,000 个节点运行，所有这些节点共同用于验证交易。[8] 由于整个网络都在验证交易，因此无法更改或控制交易（除非再次控制网络的 51%）。如前所述，这种攻击实际上是不可能的；以比特币目前的价格计算，攻击者每天需要花费数千万美元，并控制大量根本不可

---

[8] "Bitnodes：全球比特币节点分布。" https://bitnodes.io/。2021 年 8 月 30 日访问。

用的计算资源。[9] 因此,数据验证的去中心化特性使比特币非常安全。

三. *比特币是不可逆转的。* 一旦网络中的交易得到确认,就不可能更改它们,因为每个区块(一个区块是一批新交易)都连接到其两侧的区块,因此形成了一个相互连接的链。一旦写入,块就无法修改。这两个因素结合在一起,可以防止数据更改,并确保更高的安全性。

四. *比特币使用哈希过程。* 哈希是将一个值转换为另一个值的函数;加密世界中的哈希将字母和数字的输入(字符串)转换为固定大小的加密输出。哈希有助于加密,因为"求解"每个哈希需要逆向工作来解决极其复杂的数学问题;因此,求解这些方程的能力纯粹基于计算能力。哈希具有以下优点:数据被压缩,哈希值可以比较(而不是比较原始形式的数据),哈希函数是最安全和防漏洞的数据传输方式之一(尤其是大规模)。

---

[9] "你需要 2100 万美元来攻击比特币一天 - 解密。2020 年 1 月 31 日, https://decrypt.co/18012/you-would-need-21-million-to-attack-bitcoin-for-a-day。2021 年 8 月 30 日访问。

比特币会用完吗？

这取决于你所说的"用完"是什么意思。每年添加到网络中的比特币数量总是会用完。然而，在这一点上，不同的供应机制（而不是比特币是挖矿奖励）将接管，业务将照常进行。从这个意义上说，比特币永远不会用完。

比特币的意义何在？

比特币的主要价值来自以下应用：作为价值储存和私密、全球和安全交易的手段。从本质上讲，这就是比特币的意义所在;鉴于其历史回报和每天 300,000 笔左右的交易，这一目的已经非常成功地执行。

你会如何向一个 5 岁的孩子解释比特币？

比特币是人们可以用来买卖东西或赚更多钱的计算机货币。比特币之所以有效,是因为区块链。区块链是一种工具,它允许许多不同的人安全地传递有价值的信息或金钱,而不需要其他人为他们做这件事。

比特币是一家公司吗？

比特币不是一家公司。它是一个运行算法的计算机网络。然而，鉴于软件和硬件随着时间的推移而发展，为了防止比特币过时，在创建时在网络中实施了投票系统，以允许更新代码和算法。投票系统是完全开源和基于共识的，这意味着开发人员和志愿者提出的系统更新必须经过其他相关方的严格审查（因为更新中的错误将损失数百万相关方的钱），并且只有在达成大规模共识的情况下，更新才会通过。比特币基金会（bitcoinfoundation.org）雇用了几名全职开发人员，他们致力于为比特币制定路线图并开发更新。然而，同样，任何有贡献的人都可以这样做，并且没有实际的公司或组织适用。此外，如果应用了规则更改，则不会强制用户更新；他们可能会坚持使用他们想要的任何版本。这个系统背后的想法非常奇妙；一个独立的、开源的、基于共识的网络的想法在更多的领域都有应用，而不仅仅是比特币。

比特币是骗局吗?

根据定义,比特币不是骗局。它是由一群知名工程师创建的金融工具。它价值数万亿美元,不可破解,而且创始人没有出售任何股份。[10] 也就是说,比特币肯定是可操纵的,并且波动性很大。与比特币不同,市场上的许多其他加密货币都是骗局。因此,请进行研究,与信誉良好的团队一起投资已建立的硬币,并使用常识。

---

[10] 虽然中本聪因比特币而身价数百亿美元,但他没有出售任何比特币(在他已知的钱包中)。再加上他的匿名性,比特币的创始人可能没有通过该货币获得任何重大利润,至少相对于他拥有的数百或数千亿美元而言。

比特币可以被黑客入侵吗？

比特币本身是不可能被黑客入侵的，因为整个网络不断被网络内的许多节点（计算机）审查，因此任何攻击者只有在控制网络中 51%或更多的计算能力时才能真正入侵系统（因为多数控制可用于验证任何事情，无论它是否正确）。鉴于比特币背后的挖矿能力，这基本上是不可能的。然而，加密货币安全的弱点是用户的钱包；钱包和交易所更容易被黑客入侵。因此，尽管比特币不可能被黑客入侵，但您的比特币可能会因交易所的故障以及弱密码或意外共享密码而被黑客入侵。一般来说，如果您坚持使用已建立的交易所并保留私密、安全的密码，那么您被黑客入侵的机会几乎为零。

谁跟踪比特币交易？

比特币网络中的每个节点（计算机）都维护着所有比特币交易的完整副本。该信息用于验证交易并确保安全性。此外，所有比特币交易都是公开的，可以通过比特币账本查看；您可以通过以下链接亲自查看：

https://www.blockchain.com/btc/unconfirmed-transactions

任何人都可以买卖比特币吗？

由于比特币是去中心化的，任何人都可以买卖，无论外部因素或身份如何。也就是说，许多国家/地区要求加密货币只能通过中心化交易所进行交易（出于税收和安全目的），因此需要基本的KYC授权，例如身份、SSN等。这些法律确实阻止了一些人投资加密货币，中心化交易所保留以任何理由关闭账户的权利。

比特币是匿名的吗？

正如上面的问题中提到的，管理比特币的先天系统允许完全的个人匿名;成功交易必须共享的只是一个钱包地址。然而，政府授权在许多国家（主要例子是美国）在去中心化交易所进行交易是非法的。因此，中心化交易所在交易加密货币时禁止法律匿名。

比特币的规则会改变吗？

由于比特币是去中心化的,系统无法自我改变。但是,网络的规则可以通过比特币持有者的共识来改变。今天,如果需要更新,开源项目会更新比特币,并且只有在比特币社区接受更改时才会这样做。

比特币应该资本化吗？

比特币作为一个网络应该被资本化。比特币作为一个单位不应该被资本化。例如，"在我听说比特币的想法后，我买了10个比特币。

什么是比特币协议？

协议是控制某事应该如何完成的系统或过程。在加密货币和比特币中，协议是代码的管理层。例如，安全协议决定了安全应该如何执行，区块链协议决定了区块链的行为和运作方式，比特币协议控制了比特币的运作方式。

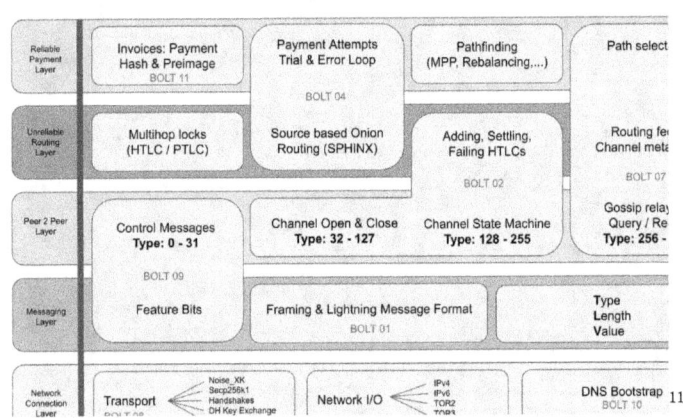

*这是一个协议的例子，从闪电网络的角度来看，这是一个Layer-2 支付协议，旨在在比特币和莱特币等硬币上工作，以实现更快的交易，从而解决可扩展性问题。

什么是比特币的账本？

---

[11] 雷内匹克 / CC BY-SA 4.0
File:Lightning_Network_Protocol_Suite.png

比特币的账本和所有区块链账本都存储有关在给定区块链上进行的所有金融交易的数据。加密货币使用公共账本，这意味着用于记录所有交易的账本是公开的。您可以在 blockchain.com/explorer 上看到比特币的公共账本。

Hash	Time	Amount (BTC)	Amount (USD)
e3bc0fb2e5f235094f3825ab722ca4dda006c3528db1466012e1395984f8a3ec	12:22	3.40547680 BTC	$170,416.94
80c2a1ab0cc9fc94f082e707640218f3898beb169428840adf169fb2fb150735	12:22	0.52284473 BTC	$26,164.21
f3773b898dd9b10777e0781dd7d8be8a7953b190546b245fcafef5494124a0e9d	12:22	0.03063826 BTC	$1,533.20
e5e5e9678e8494bb88cea67aef3ace769ef972172db5424797dcd16eb7345a9a	12:22	0.00151322 BTC	$75.72
5f3bcd4212f05ed0d5ad7be40a97e1b4e8fe3456c7d9926e8b1a5219b7a1f33e	12:22	0.84369401 BTC	$42,220.15
37e7a56509c2b095549c3f865e2dcd3c0a29f47d5987d64ef5cf4b8ce9992811	12:22	0.00153592 BTC	$76.86
ee7a833c2da8c25125a65190383fdb74303d2afafdf730b0cc2767d8840e1754	12:22	0.00210841 BTC	$105.51
d2259896d076a2723259cc55e7131c3d4822ce6a14c37eb51cadd9992f3873c1	12:22	0.00251375 BTC	$125.79
8f7a795196ec4bdb0cc9316e75c13ccatf944c7946faf24004852aa2a0aed872f	12:22	1.60242873 BTC	$80,188.77
7f6fa2f64999a07e03a344aed9ddb34282683afeddfcb611f896109b83bdb11f	12:22	0.00022207 BTC	$11.11
8c9fdff9b649a1d465d5d2cfcb3185ad91b06d7d36b4b60b3233d0c78cf859d60	12:22	0.00006000 BTC	$3.00
4dce5a66306413141fff08a30dca8209585563c450accdf011f72401h9ffbe24	12:22	0.00761070 BTC	$380.85
7a31b8568d549a89481e9ed19b11d03025141ca429bfbaf899cc73fb82ea0825d	12:22	0.00070666 BTC	$35.36
9fd5d4e37f760c414078c8d2dc8cd48efa6cf00f901d81e81e7a1a874c2beef	12:22	0.00061789 BTC	$30.82
b4dda6555fde5282c1e51fa89e56998e65904b7da98913ea62b256aac2960fb	12:22	0.07886440 BTC	$3,941.53
a8f05dce5ca3864bd5fbfb65a52eda23634597739f1828c368fbc8aba129391a	12:22	1.41705545 BTC	$70,912.32
b8058988e59e4be8a3b22264d86c2f0bf577a7e58a92981afbb62ba3add06b0S3	12:22	0.30358853 BTC	$15,192.18
e0fb0dcd87c22b2e11ef7d03852a7a6a51bca0907d0d63199f8d9e275a410dd8	12:22	0.00712366 BTC	$356.48
f80380c978d4bf88bb32047fbd5efecb048d1f0e00c3c7b2035e5b2b6a852445	12:22	0.00029789 BTC	$14.91
a820e18a7a4538e4cd410ff19fb21340817416f99fbe2d245540b388e7befbfbf	12:22	0.79690506 BTC	$39,878.74
cbdc6ef088d4a243adbc5c0b8c40d014d4a33a6e01e8eacd3fbcaffc9aba36c2	12:22	0.54677419 BTC	$27,361.68

*来自 blockchain.com 的比特币公共账本的实时视图

比特币是什么样的网络？

比特币是一个 P2P（点对点）网络。点对点网络涉及许多计算机相互协作以完成任务。点对点网络不需要中央机构，是区块链网络和加密货币的一个组成部分。

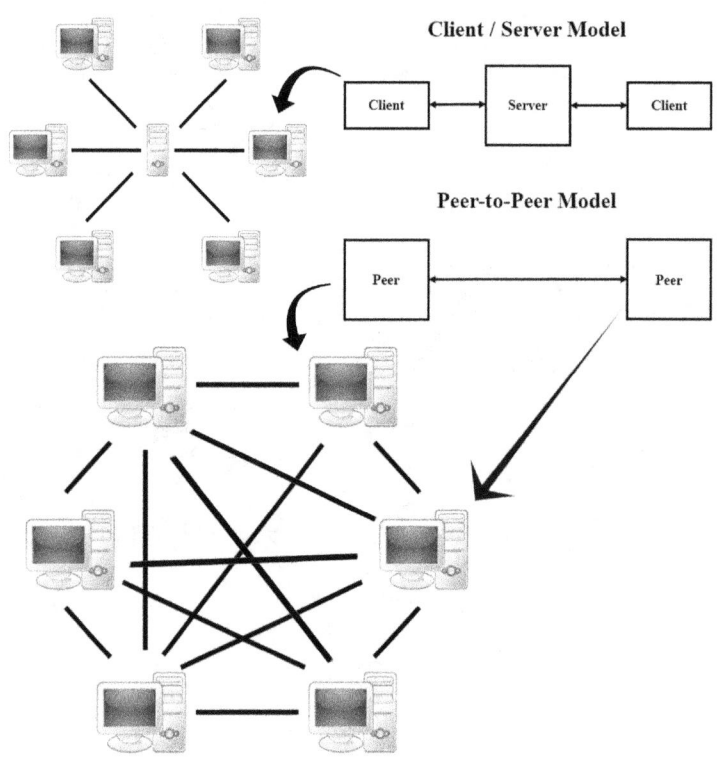

---

[12] 由作者创建;基于以下来源的图像：
Mauro Bieg / GNU GPL / File:Server-based-network.svg
卢多维克·费雷 / PDM / File:P2P-network.svg

当比特币达到最大供应量时，它还能成为顶级加密货币吗？

比特币的供应确实会耗尽，但它将在 2140 年耗尽。届时，所有 2100 万 BTC 都将在网络中，并且必须实施另一个激励或供应系统才能继续生存网络。然而，猜测 Bitoin 是否会成为 2140 年的顶级加密货币，就像在 1900 年问 2020 年会是什么样子;技术上的差异几乎大得不可思议，22 世纪的技术环境是任何人的猜测。我们拭目以待。

米歇尔·班基 / CC BY-SA 4.0 / File:Client-server_Vs_peer-to-peer_-_en.png

比特币矿工赚多少钱？

比特币矿工每天的收入约为 4500 万美元，每小时的收入约为 190 万美元（每个区块 6.25 个比特币，每天 144 个区块）。每个矿工的利润取决于算力、电力成本、矿池费用（如果在矿池中）、功耗和硬件成本;在线采矿计算器可以根据所有这些因素估算利润。这些计算器中最受欢迎的，由 Nicehash 提供，可以在 https://www.nicehash.com/profitability-calculator 上找到。

比特币的区块高度是多少？

区块高度是区块链中的区块数量。高度 0 是第一个块（也称为"创世块"），高度 1 是第二个块，依此类推;比特币目前的区块高度超过五十万。比特币的"区块生成时间"目前约为 10 分钟，这意味着大约每 10 分钟就会向比特币区块链添加一个新区块。

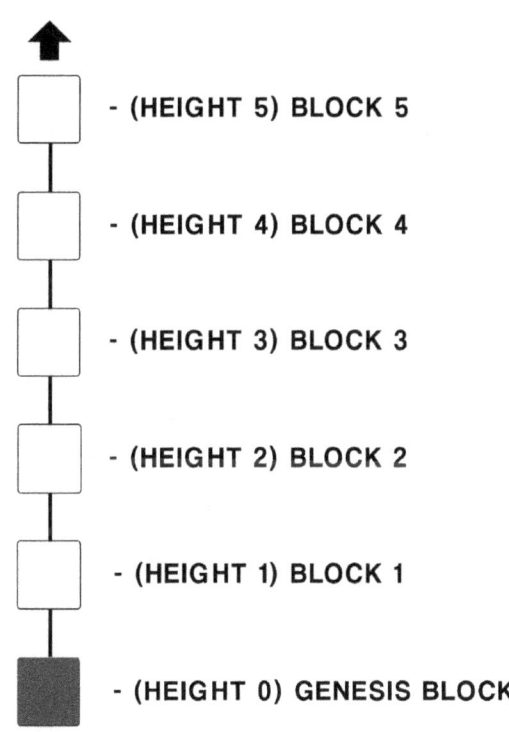

[13] 更改此内容

---

[13] 作者的创作。可在 CC BY-SA 4.0 许可下使用。

比特币是否使用原子掉期？

原子交换是一种智能合约技术，允许用户在没有第三方中介（通常是交易所）的情况下相互交换两种不同的硬币，也不需要买卖。中心化交易所，如 Coinbase，不能执行原子交换。取而代之的是，去中心化交易所允许原子交换，并给予最终用户完全控制权。

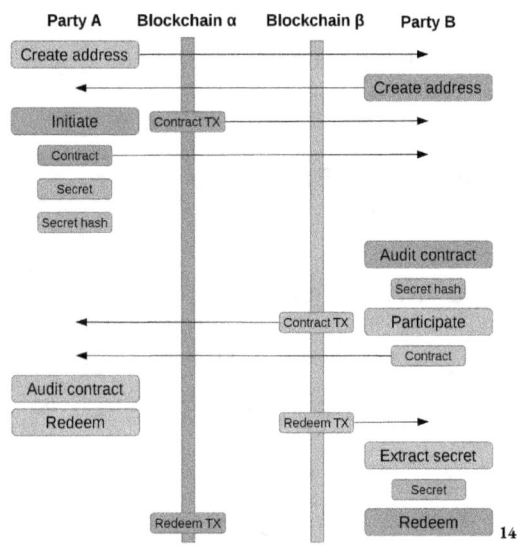

*原子交换工作流程的可视化。

---

[14] 尼克博里乌 / CC BY-SA 4.0 / File:Atomic_Swap_Workflow.svg

什么是比特币矿池？

矿池，也称为群挖矿，是指一群人或实体结合他们的计算能力，以便一起挖矿并分配奖励。这也确保了稳定的收益，而不是零星的收益。

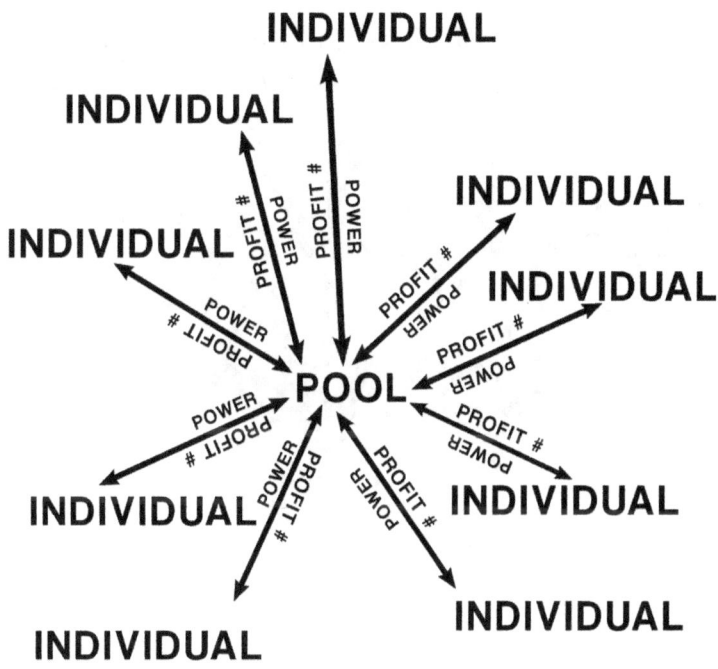

---

15 作者的原创作品。可在 CC BY-SA 4.0 许可下使用

谁是最大的比特币矿工？

图 2.3 是比特币矿工分布的明细。大块都是矿池，而不是单个矿工，因为矿池通过利用个人网络来实现大规模（在计算能力方面）。从本质上讲，这将非常类似于比特币的分配概念应用于挖矿。最大的比特币池包括 Antpool（一个开放访问的矿池）、ViaBTC（以安全和稳定而闻名）、Slush Pool（最古老的矿池）和 BTC.com（四个矿池中最大的）。

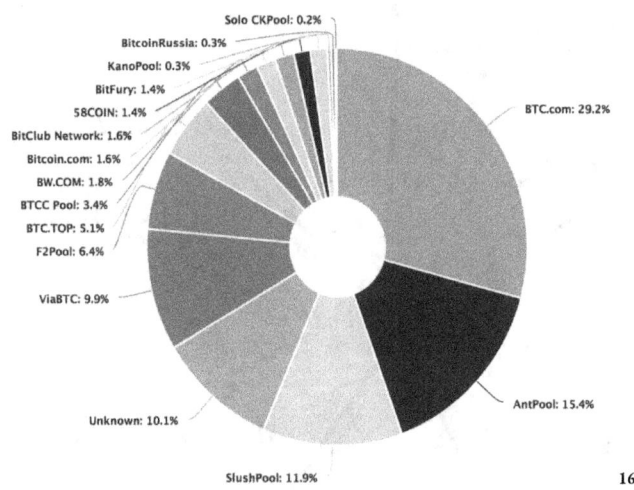

图 2.3.. 比特币挖矿分布 3

---

16 "比特币挖矿分配 3 | 下载科学图表。
https://www.researchgate.net/figure/Bitcoin-Mining-Distribution-3_fig3_328150068。2021 年 9 月 2 日访问。

比特币技术过时了吗？

是的，相对于较新的竞争对手，为比特币提供动力的技术已经过时了。比特币做了开拓性的工作，并充当了加密货币的概念验证，但与所有技术一样，创新推动了进步，跟上这种创新需要有凝聚力的升级，而比特币没有。比特币网络每秒可以处理大约7笔交易，而以太坊（市值第二大加密货币）每秒可以处理30笔交易，而第三大和更新的加密货币卡尔达诺每秒可以处理大约100万笔交易。比特币网络上的网络拥塞导致费用高得多。这样一来，在可编程性、隐私性和能源使用方面，比特币就有些过时了。这并不意味着它不起作用；确实如此，它只是意味着要么应该实施重大升级，要么用户体验会变得更糟，竞争对手会蓬勃发展。然而，无论如何，比特币具有巨大的品牌价值、大规模的使用和采用，以及以安全方式完成工作的协议；这只是意味着它既不是零和博弈，也不会以最好或最坏的情况结束。我们可能会看到一个中间地带的情况，在这种情况下，比特币继续面临问题，继续实施解决方案，并随着加密空间的增长继续增长（尽管增长在某个时候将不得不放缓）。

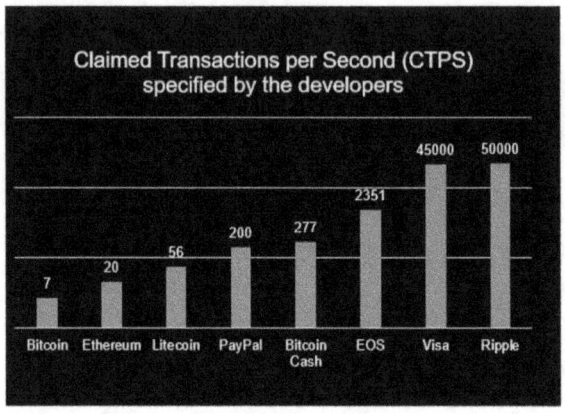

¹⁷ https://investerest.vontobel.com/

---

¹⁷ "比特币解释 - 第 7 章：比特币可扩展性 - 投资者。" https://investerest.vontobel.com/en-dk/articles/13323/bitcoin-explained---chapter-7-bitcoins-scalability/。2021 年 9 月 4 日访问。

什么是比特币节点？

节点是连接到区块链网络并协助区块链编写和验证区块的计算机（节点可以是任何计算机，而不是任何特定类型）。一些节点下载其区块链的整个历史记录;这些节点称为主节点，比常规节点执行更多的任务。此外，节点绝不与特定网络绑定;节点几乎可以随意切换到许多不同的区块链，就像多池挖矿一样。

比特币的供应机制是如何运作的？

比特币使用 PoW 供应机制。供应机制是将新代币引入网络的方式。PoW，或"工作量证明"，字面意思是创建区块需要工作（就数学方程式而言）。做这项工作的人是矿工。

比特币的市值是如何计算的？

市值的等式非常简单：# 单位 x 单位价格。比特币的"单位"是硬币，因此要解决市值问题，可以将流通供应量（约 1880 万枚）乘以每枚硬币的价格（约 50,000 美元）。由此产生的数字（在本例中为 9400 亿）是市值。

您可以提供和获得比特币贷款吗？

是的，您可以利用比特币和其他加密货币来获得美元贷款。此类贷款非常适合不想出售其持有的比特币，但需要钱来支付汽车或财产付款、旅行、购买房产等费用的人。贷款允许持有人持有他们的资产，但仍能利用资产中锁定的价值。此外，比特币贷款的周转和接受时间极快，信用评分无关紧要，而且贷款具有一定程度的保密性（这意味着贷方对你花钱的地方没有兴趣）。作为贷方，从其他久坐不动的资产中创造收入是一个很好的策略;在双方看来，风险主要在于比特币的波动。无论哪种方式，这都是一项有趣的业务，而且刚刚起步，具有真正巨大的增长潜力。提供和获得比特币和硬币贷款的最受欢迎的服务是 blockfi.com、lendabit、youhodler、btcpop、coinloan.io 和 mycred.io。

比特币最大的问题是什么？

不幸的是，比特币并不完美。这是同类产品中的第一个，没有一项新技术在第一次尝试时就得到完善。比特币当前面临的最大和长期问题是能源和规模问题。比特币通过 PoW（工作量证明）系统运行，其缺点是能源使用量高；比特币目前每年使用 78 tW/小时（其中大部分（尽管不是全部）使用碳）。为了提供一些观点，太瓦时是能量的统一，等于一小时输出一万亿瓦。尽管如此，比特币网络消耗的能量比传统货币系统少三倍；问题在于大规模采用的能源使用以及相对于其他加密货币的能源使用。[18] PoS（权益证明）系统，例如以太坊采用的系统，比 PoW 替代品使用更少的能源 99.95%。[19] 这比任何绝对能源消耗数据都更重要，因为它暗示了这样一个事实，即比特币有可能消耗比现在少得多的能源；即使理想的能源需求还有很长的路要走。除了规模之外，从长远来看，比特币面临的一个同样重要的问题（不是在生存方面，而是在价值方面）是效用。比特币几乎没有内在效用，与其说是一种技术，不如说是一种价值储存手段。可以说，比特币填补了一个利基市场，就像数字黄金一样，但久

---

[18] "银行消耗的能源是比特币的三倍以上……"
https://bitcoinist.com/banks-consume-energy-bitcoin/。
[19] "权益证明可以使以太坊的能源效率提高 99.95%……"
https://www.morningbrew.com/emerging-tech/stories/2021/05/19/proofofstake-make-ethereum-9995-energyefficient-work。

坐不动的利基市场的双刃剑是，比特币的波动性对于长期价值储存来说非常高，在某个时候，波动性必须降低，或者使用将仍然仅限于对高波动性感到满意的人群。至少，效用问题确实提出了山寨币替代品的问题;由于加密货币的用例多种多样，尤其是在效用方面，因此从长远来看，比特币以外的加密货币必须而且将大规模存在。如果回答正确，哪一个问题将是非常有利可图的。

比特币有硬币或代币吗？

比特币由硬币组成，但了解代币和硬币之间的区别很重要。加密货币代币是一种代表资产的数字单位，就像硬币一样。然而，虽然硬币是建立在自己的区块链上，但代币是建立在另一个区块链上的。许多代币使用以太坊区块链，因此被称为代币，而不是硬币。硬币仅用作货币，而代币的用途范围更广。了解代币是准确了解您正在交易的内容以及了解数字货币的所有用途不可或缺的一部分，因此，这里分析了最受欢迎的代币子类别：

一. *证券型代币* 代表资产的合法所有权，无论是数字资产还是实物资产。证券型代币中的"安全"一词并不意味着安全，而是"安全"是指任何具有价值且可以交易的金融工具。基本上，证券型代币代表一种投资或资产。

二. *实用令牌* 内置于现有协议中，可以访问该协议的服务。请记住，协议为节点提供了要遵循的规则和结构，实用代币可以用于更广泛的目的，而不仅仅是作为支付代币。例如，实用代币通常在 ICO 期间提供给投资者。然后，稍后，投资者可以在他们收到代币的平台上使用他们收到的实用代币作为支付手段。要记住的主要事情是，实用代币可以做的不仅仅是作为购买或出售商品和服务的手段。

三. *治理代币*用于创建和运行加密货币的投票系统，允许在没有中心化所有者的情况下进行系统升级。

四. *支付（交易）代币*仅用于支付商品和服务。

你能通过持有比特币赚钱吗？

许多硬币只会为持有资产提供奖励;以太坊持有者将很快对质押的 ETH 进行 5% 的年利率。 然而，重要的词是"质押"，因为所有仅为持有代币或代币提供资金的硬币（称为"质押奖励"）都在 PoS（权益证明）系统和算法上运行。PoS 算法是 PoW（工作量证明）的替代方案，它允许人们根据拥有的硬币数量来挖掘和验证交易。因此，使用 PoS，您拥有的越多，您挖的就越多。以太坊可能很快就会在权益证明上运行，许多替代方案已经这样做了。综上所述，您仍然可以通过将比特币借给借款人来赚取利息。

比特币有滑点吗？

为了提供一些背景信息，当使用市价单进行交易时，可能会发生滑点。市价单试图以最佳价格执行，但有时预期价格和实际价格之间会出现显着差异。例如，您可能会看到 examplecoin 的价格为 100 美元，因此您以 1000 美元的价格下了市价单。但是，您最终只能获得 9.8 美元的 1000 个示例币，而不是预期的 10 个。滑点的发生是因为买卖价差变化很快（基本上，市场价格发生了变化）。比特币和大多数加密货币都容易滑点;因此，如果您要下大订单，请考虑下限价单而不是市价单。这将消除滑点。

我应该知道哪些比特币首字母缩略词？

ATH 的

首字母缩略词的意思是"历史最高点"。这是加密货币在选定时间段内达到的最高价格。

ATL 公司

首字母缩略词,意思是"历史最低点"。这是加密货币在选定时间段内达到的最低价格。

BTD 的

首字母缩略词,意思是"逢低买入"。也可以与一些咸味语言一起表示为 BTFD。

CEX 公司

首字母缩写词,意思是"中心化交换"。中心化交易所由管理交易的公司拥有。Coinbase 是一个受欢迎的 CEX。

ICO 公司

"首次代币发行。"

P2P 的
"脚就是脚。"

PND 的
"抽水和倾倒。"

投资回报率
"投资回报。"

分布式账本技术
首字母缩写词，意思是"分布式账本技术"。分布式账本是一种存储在许多不同位置的账本，因此交易可以由多方验证。区块链网络使用分布式账本。

SATS 系列
SATS 是中本聪（Satoshi Nakamoto）的简写，中本聪是比特币创造者使用的化名。SATS 是比特币允许的最小单位，即 0.00000001 BTC。比特币的最小单位也简称为中本聪。

我应该知道哪些比特币俚语？

袋

袋子是指一个人的位置。例如，如果你拥有相当数量的硬币，你就拥有一袋硬币。

袋子架

袋子持有人是持有一文不值的硬币的交易者。袋子持有人经常对他们毫无价值的地位抱有希望

海豚

加密货币持有者分为几种不同的动物。那些拥有大量资产的动物，例如数百万的 10，被称为鲸鱼，而那些拥有中等规模的资产被称为海豚。

翻转/拍打

"翻转"用于描述以太币（ETH）市值超过比特币（BTC）的假设时刻（如果有的话）。"拍打"是莱特币（LTC）市值超过比特币现金（BCH）的时刻。翻拍发生在 2018 年，而翻转尚未发生，而且纯粹基于市值，不太可能发生。

月亮/去月球

诸如"登月"和"去月球"之类的术语只是指加密货币的价值上涨，通常是极端的。

蒸汽器皿

Vaporware 是一种被炒作的硬币或代币，但内在价值不大，价值可能会下降。

弗拉基米尔俱乐部

一个术语，描述已获得加密货币最大供应量 1%（0.01%）的 1% 的人。

软弱的手

交易者你有"弱手"，缺乏持有资产的信心。面对波动，经常情绪化地交易，而不是坚持他们的交易计划。

雷克特

"wrecked"的拼音。

霍尔德

"为了亲爱的生命，坚持下去。"

迪尔

"做你自己的研究。"

FOMO 的

"害怕错过。"

富德

"恐惧、不确定和怀疑。"

乔莫

"错过的喜悦。"

ELI5 型

"像我 5 岁一样解释一下。"

您可以使用杠杆和保证金来交易比特币吗？

为了给那些不熟悉杠杆交易的人提供背景信息，交易者可以通过交易从第三方借来的资金来"利用"交易能力。例如，假设您有 1,000 美元，并且您正在使用 5 倍杠杆；您现在在使用价值 5,000 美元的资金进行交易，其中 4,000 美元是您借来的。通过相同的函数，10 倍杠杆是 10,000 美元，100 倍是 100,000 美元。杠杆允许您通过使用不属于您的资金并保留一些额外利润来扩大利润。保证金交易几乎可以与杠杆交易互换（因为保证金创造了杠杆），唯一的区别是保证金表示为所需的存款百分比，而杠杆是一个比率（这意味着，您可以以 3 倍杠杆进行保证金交易）。杠杆和保证金交易风险很大；一般来说，除非您有经验丰富的交易者并且有一定的财务稳定性，否则不建议进行杠杆交易。也就是说，许多交易所确实为比特币和其他加密货币提供杠杆交易服务。下面列出了提供加密杠杆交易的最佳服务：

- 币安 （受欢迎，整体最佳）
- Bybit （最佳图表）
- BitMEX （最容易使用）
- Deribit （最适合杠杆比特币交易）

- Kraken（流行，用户友好）
- Poloniex（高流动性）

什么是比特币泡沫？

比特币和所有投资的泡沫是指一切都以不可持续的速度上涨的时期。通常，气泡会破裂并引发大崩盘。出于这个原因，处于泡沫中，无论是指整个市场还是特定的硬币或代币，既是一件好事，也是一件坏事。

对比特币"看涨"或"看跌"是什么意思？

熊市意味着你认为硬币、代币的价格或整个市场的价值会下跌。如果你这样想，你也被认为是对给定证券的"看跌"。相反的是看涨：一个认为证券会升值的人看涨该证券。这些词在股票市场术语中流行起来，其起源被认为与动物的特征有关：公牛在攻击对手时会向上伸出角，而熊会站起来向下滑动。

比特币是周期性的吗？

是的，比特币在历史上是周期性的，并且倾向于在多年周期（特别是 4 年周期）上运行，这些周期在历史上分为以下几类：突破性高点、修正、积累，最后是恢复和延续。这可以简化为大涨、大跌、小涨或横盘，以及大涨。突破性高点通常发生在比特币减半事件之后（通常是一年左右），该事件每四年发生一次（最近一次发生在 2020 年）。这绝不是一门精确的科学，但它确实为比特币的中期潜力和价格走势提供了一些视角。此外，山寨币（特别是中小型山寨币）的大幅上涨通常发生在比特币既没有大幅上涨也没有大幅下跌的情况下，并且通常遵循大幅上涨。在这一点上，投资者将比特币的利润（在价格盘整时）并将它们放入较小的硬币中。因此，所有这些通常是需要考虑的事情，特别是如果您正在考虑购买或出售比特币。

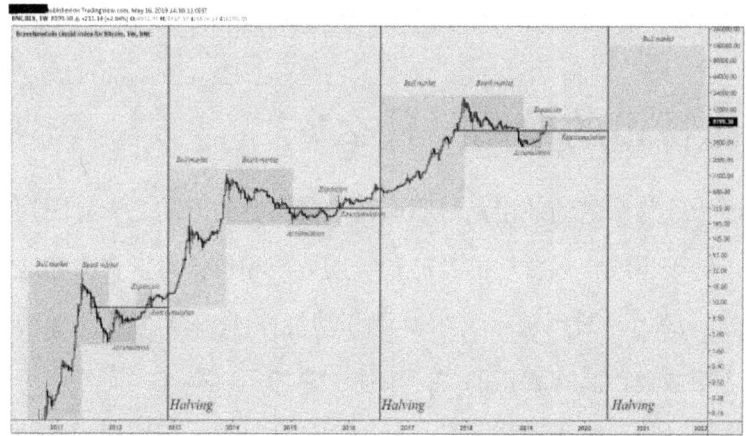

2021

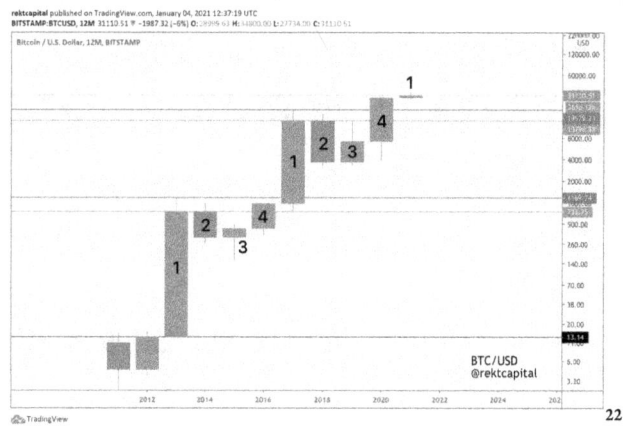

20

[21] "比特币四年周期的详细细分 |外汇学院。2021 年 2 月 10 日，https://www.forex.academy/detailed-breakdown-of-bitcoins-four-years-cycles/。2021 年 9 月 4 日访问。

[22] "比特币四年周期的详细细分 |黑客中午。2020 年 10 月 29 日，https://hackernoon.com/a-detailed-breakdown-of-bitcoins-four-year-cycles-icp3z0q。2021 年 9 月 4 日访问。

比特币的效用是什么？

硬币或代币中的效用是尽职调查中最重要的方面之一，因为了解硬币或代币背后的当前和长期效用和价值可以更清楚地分析潜力。效用被定义为有用和功能性；具有实用性的加密货币或代币具有真正的实际用途：它们不仅存在，而且用于解决问题或提供服务。与那些没有持续目的、用途和创新的硬币相比，具有最实用的当前用途和用例的硬币可能会成功。以下是一些案例研究，包括比特币的案例研究：

- 比特币（BTC）是一种可靠且长期的价值储存手段，类似于"数字黄金"。
- 以太坊（ETH）允许在以太坊区块链之上创建 dApp 和智能合约。
- Storj（STORJ）可用于以去中心化的方式将数据存储在云中，类似于 Google Drive 和 Dropbox。
- Brave 浏览器中使用基本注意力令牌（BAT）来赚取奖励并向创作者发送提示。
- Golem（GNT）是一台全球超级计算机，提供可出租的计算资源以换取 GNT 代币。

持有比特币好还是交易好？

从历史上看，简单地持有比特币更有利可图，也更容易。成功交易（或获得比持有者更大的利润）所需的时间、精力和时机是一种非常难以组装的混合物；那些这样做的人通常是全职交易员，或者可以使用其他人没有的工具。除非你愿意接受这种程度的奉献精神，或者你真的喜欢这个过程，否则你最好长期持有和购买比特币。

投资比特币有风险吗？

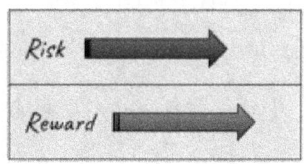

上图基于风险回报权衡原则。当人们看到其他人都在赚钱时（社交媒体在很大程度上是危险的，因为每个人都发布胜利而不是损失），就像目前在加密市场中发生的那样，我们倾向于下意识（或有意识地）假设缺乏重大风险。然而，一般来说（特别是在投资方面），回报越多，风险就越大。投资加密货币并非无风险，也不是低风险;这是非常冒险的，但作为一把双刃剑，它也提供了极大的回报。

什么是比特币白皮书？

白皮书是组织发布的有关给定产品、服务或总体想法的信息报告。白皮书解释了（实际上是推销）这个概念，并提供了未来事件的想法和时间表。一般来说，这有助于读者理解一个问题，弄清楚论文的创建者如何解决该问题，并形成对该项目的看法。三种类型的白皮书经常出现在商业领域：第一种是"背景"，它解释了产品、服务或想法背后的背景，并提供以教育为重点的技术信息，以销售读者。第二种类型的白皮书是"编号列表"，它以易于理解的、面向数字的格式显示内容。例如，"代币 CM 的 10 个用例"或"代币 HL 将主导市场的 10 个原因"。最后一种类型是问题/解决方案白皮书，它定义了产品、服务或想法旨在解决的问题，并解释了创建的解决方案。

白皮书用于加密空间，以解释围绕给定项目的新概念以及技术细节、愿景和计划。所有专业的加密项目都会有一份白皮书，通常在他们的网站上找到。阅读白皮书可以让你比任何其他单一的可访问信息来源更好地理解一个项目。比特币的白皮书于 2008 年发布，概述了透明且不可控的加密安全，分布式和 P2P 电子支付系统的原则。您可以通过以下链接亲自阅读原始比特币白皮书：

bitcoin.org/bitcoin.pdf

以下是一些网站，它们提供了有关加密货币白皮书的更多信息或访问权限。

所有加密白皮书

https://www.allcryptowhitepapers.com/

加密评级

https://cryptorating.eu/whitepapers/

硬币桌面

https://www.coindesk.com/tag/white-papers

什么是比特币密钥？

密钥是算法用于加密数据的随机字符串。比特币和大多数加密货币使用两个密钥：公钥和私钥。这两个键都是字母和数字的字符串。一旦用户启动他们的第一笔交易，就会创建一对公钥和一个私钥。公钥用于接收加密货币，而私钥允许用户从他们的账户进行交易。两个密钥都存储在钱包中。

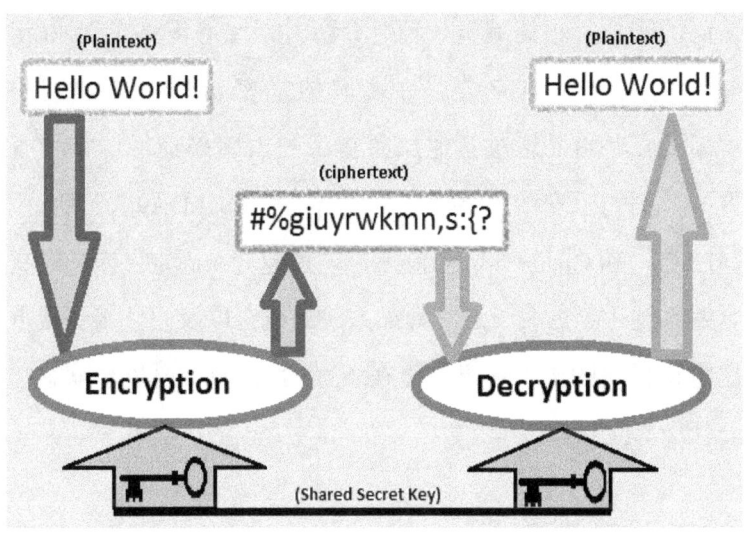

---

[23] 开发-NJITWILL / PDM / File:Crypto.png

比特币稀缺吗？

是的。比特币是一种具有固定供应量的通货紧缩资产。固定供应加密货币具有算法供应限制。如前所述，比特币是一种固定供应资产，因为一旦 2100 万枚投入流通，就不可能再创造更多的硬币。目前，近 90%的比特币已被开采，每年约有 0.5%的总供应量被从流通中移除（由于硬币被发送到无法访问的账户。根据减半（稍后介绍），比特币将在 2140 年左右达到最大供应量。许多其他加密货币（来自网站 cryptoli.st，如果您对其他加密货币列表感兴趣，请自行查看），例如币安币（BNB）、卡尔达诺（ADA）、莱特币（LTC）和 ChainLink（LINK），也建立在固定供应的通货紧缩系统之上。关于通货紧缩系统的概念以及为什么这使得比特币稀缺的更多信息，请在下面的"比特币通货紧缩意味着什么？"中概述。

什么是比特币鲸鱼？

在加密货币中，鲸鱼是指持有足够多的给定硬币或代币的个人或实体，这些个人或实体被认为是有可能影响价格走势的主要参与者。大约1000只比特币鲸鱼拥有所有比特币的40%，而所有比特币的13%存放在100多个账户中。[24] 比特币鲸鱼可以通过各种策略操纵比特币的价格，近年来确实如此。一篇有趣的相关文章（由Medium发表）是"比特币鲸鱼和加密市场操纵"。

---

[24] "比特币'鲸鱼'的怪异世界 2021年1月22日，
https://www.telegraph.co.uk/technology/2021/01/22/weird-world-bitcoin-whales-2500-people-control-40pc-market/。

谁是比特币矿工？

比特币矿工是任何为比特币网络提供计算能力的人。这包括从 Nicehash PC 用户到完整的矿场;任何向网络添加任何功率（从而增加哈希率）的人都被定义为矿工。比特币矿工为比特币网络提供计算能力，用于验证交易并向区块链添加区块，以换取比特币奖励。

"销毁"比特币是什么意思？

"销毁"一词是指销毁的过程，这是一种供应机制，使硬币能够停止流通，从而充当通货紧缩工具并增加网络中其他硬币的价值（其概念很像公司回购股票在股票市场上）。燃烧可以通过几种不同的方式进行：其中一种方法是将硬币发送到无法访问的钱包，称为"食客地址"。在这种情况下，虽然从技术上讲，代币还没有从总供应量中移除，但流通供应量实际上已经下降了。目前，大约有370万比特币（200+十亿价值）通过这个过程丢失了。代币也可以通过将销毁函数编码到管理代币的协议中来销毁，但更流行的选择是通过提到的食客地址。一项名为蒂莫西·帕特森（Timothy Paterson）的加密货币分析断言，每天损失1,500个比特币，远远超过了900个比特币的日均增长（通过挖矿）。最终，在某种程度上，硬币的损失增加了稀缺性和价值。

比特币通货紧缩是什么意思？

比特币是一种固定供应资产（这意味着硬币供应有算法限制），因为一旦 2100 万枚投入流通，就不可能再创建更多的硬币。目前，近 90% 的比特币已被开采，每年损失约 0.5% 的总供应量。由于减半，比特币将在 2140 年左右达到最大供应量。固定供应系统最明显的好处是这种系统是通货紧缩的。通货紧缩资产是总供应量随时间推移而减少的资产，因此每个单位的价值都会增加。例如，假设您和其他 10 个人被困在一个荒岛上，每个人都有 1 瓶水。由于有些人可能会喝他们的水，因此 100 瓶水的总供应量只会减少。这使得水成为一种通货紧缩的资产。随着总供应量的减少，每个水瓶的价值越来越高。比如说，现在只剩下 20 个水瓶了。这 20 个水瓶中的每一个都价值高达 5 个水瓶的价值，当所有 100 个水瓶都在流通时。通过这种方式，通货紧缩资产的长期持有者会体验到其持有资产价值的增加，因为相对于整体的基本价值（在水瓶的例子中，100 瓶中有 1 瓶是 1%，而 20 瓶中有 1 瓶是 5%，使每瓶的价值增加了 5 倍）增加了。总体而言，固定供应和通货紧缩模型，就像数字黄金（特别是比特币）一样，将随着时间的推移增加每个硬币或代币的基本价值，并通过稀缺性创造价值。

比特币的交易量是多少？

交易量，简称"交易量"，是指在指定时间范围内交易的硬币或代币数量。成交量可以显示某个硬币或整体市场的相对健康状况。例如，在撰写本文时，比特币（BTC）的 24 小时交易量为 460 亿美元，而莱特币（LTC）在同一时间段内的交易量为 70 亿美元。然而，这个数字本身有些武断；交易量的标准化比较方法是市值与交易量之间的比率。例如，继续上面的两个硬币，比特币的市值为 1.1 万亿美元，交易量为 460 亿美元，这意味着网络上每 24 美元就有 1 美元在过去 24 小时内交易。莱特币的市值为 167 亿美元，24 小时交易量为 70 亿美元，这意味着网络上每 2.3 美元中有 1 美元在过去 24 小时内被交易。通过对交易量的理解，可以更好地理解有关硬币的其他信息，例如受欢迎程度、波动性、效用等。有关比特币和其他加密货币交易量的信息可以在下面找到：

CoinMarketCap - coinmarketcap.com

CoinGecko 的 – coingecko.com

比特币是如何开采的？

比特币是通过节点的应用来开采的（回顾一下，节点是网络中的计算机）。节点解决复杂的哈希问题，节点所有者根据完成的工作量（因此，工作量证明）按比例获得奖励。通过这种方式，节点的所有者（称为矿工）可以开采比特币。

你能用比特币获得美元吗？

是的！在下面的问题中，您将了解配对。法定货币可以通过法定货币对转换为比特币。比特币兑美元货币对是 BTC/USD。美元是比特币和其他货币的报价货币，这意味着美元是其他加密货币的比较标准；这就是为什么你可能会说"比特币达到 50,000"，而比特币实际上刚刚达到相当于 50,000 美元的价值。

什么是比特币对？

所有加密货币都成对运行。货币对是两种加密货币的组合，允许交换此类加密货币。BTC/ETH（加密货币对加密货币）对允许比特币兑换以太坊，反之亦然。BTC/USD（加密货币到法定货币）货币对允许比特币兑换美元，反之亦然。鉴于大量较小的加密货币，交易所市场主要集中在一些大型加密货币上，而这些加密货币又可以交换成其他任何东西。例如，Celo（CGLD）到 Fetch.ai（FET）对可能不存在，但 CGLD/BTC 和 BTC/FET 对允许将 CGLD 转换为 FET。简而言之，货币对是连接不同资产的网络。货币对还允许套利，即根据不同交易所和市场之间的货币对价格差异进行交易。

比特币比以太坊好吗？

比特币和以太币之间的主要区别在于价值主张。比特币是作为一种价值储存而创建的，与数字黄金有关，而以太坊则充当创建去中心化应用程序（dApp）和智能合约的平台（由 ETH 代币和 Solidity 编程语言提供支持）。由于在以太坊区块链上运行 dApp 需要 ETH，因此 ETH 的价值在某种程度上与效用有关。一句话;比特币是一种货币，而以太坊是一种技术，在这方面，以太坊并不是作为比特币的竞争对手而创建的，而是为了补充和构建它。为此，哪个更好的问题就像将苹果与砖头进行比较;两者都擅长自己的工作，选择一个而不是另一个就是选择价值主张而不是另一个（例如：我们需要苹果作为食物，但砖头来创造庇护所），这个问题没有一个明确或商定的答案。

你能用比特币买东西吗？

比特币代表着一种共同的价值感;价值可以交易,并兑换成等值或接近等值的物品,就像任何其他货币一样。尽管如此,用比特币直接购买大多数东西是相当困难或不可能的(也就是说,选择确实存在并且正在迅速扩大)。当然,人们可能总是将比特币兑换成他们给定的货币,并使用该货币购买东西,但问题仍然存在:为什么您还不能使用比特币购买任何您原本会用其他数字支付方式支付的物品?这样的问题很复杂,但主要与这样一个事实有关,即政府支持的货币体系已经运作了相当长一段时间,而加密货币是新的,在政府控制和影响之外运作。目前的趋势表明,加密货币在很大程度上整合到在线(以及某种程度上,离线)零售商,批发商和独立卖家(通过与 Stripe, PayPal, Square 等支付处理器的集成)。Microsoft(在 Xbox 商店中)、家得宝(通过 Flexa)、星巴克(通过 Bakkt)、Whole Foods(通过 Spedn)和许多其他公司已经接受比特币;转折点是接受比特币的主要在线零售商(亚马逊、沃尔玛、塔吉特等),以及政府接受或抵制加密货币作为支付方式的时刻。

比特币的历史是什么？

1991 年，首次概念化了加密安全的区块链。近十年后，在 2000 年，Stegan Knost 发表了他关于密码学安全链的理论，以及实际实施的想法，8 年后，中本聪发布了一份白皮书（白皮书是一份详尽的报告和指南），建立了区块链模型。2009 年，中本聪实施了第一个区块链，该区块链被用作使用他开发的加密货币（称为比特币）进行交易的公共账本。最后，在 2014 年，区块链和区块链网络的用例开始在加密货币之外发展，从而为比特币和区块链向更广阔的世界开放了可能性。

你如何购买比特币？

比特币主要可以通过交易所购买，随后在交易所或钱包中持有。下面列出了美国和全球用户的热门交易所：

我们

Coinbase - coinbase.com （最适合新投资者）

PayPal - paypal.com （对于已经使用 PayPal 的人来说很容易）

Binance US - binance.us （最适合山寨币、高级投资者）

Bisq - bisq.network （去中心化）

全球（在美国不可用/功能有限）

币安 - binance.com （整体最佳）

Huibo Global - huobi.com （大多数产品）

7b - sevenb.io (easy)

Crypto.com - crypto.com （最低费用）

在交易所创建账户后，用户可以将法定货币转入账户以购买所需的加密货币。

比特币是一项好的投资吗？

从历史上看，比特币是过去十年中最好的投资之一;复合回报率约为每年 200%，2010 年投入比特币的 10 美元今天将价值 760 万美元（惊人的 76,500,000%投资回报率）。然而，比特币过去产生的快速回报无法无限期地维持下去，比特币是否会 成为一项好的投资完全是另一回事。一般来说，目前的事实使比特币成为一个很好的长期持有者，特别是如果你相信去中心化和区块链的加速趋势。也就是说，一些黑天鹅事件可能会对比特币造成极大的损害，一些竞争对手可能会超越比特币的位置。是否投资的问题应该以事实为依据，但要以你为基础：你愿意承担的风险，你能够和愿意承担的风险，等等。所以，你是否研究，尽可能理性地思考，并做出你不会后悔的交易决定。

比特币会崩盘吗？

比特币是一种周期性很强的资产，往往会经常崩盘。对于比特币的长期持有者来说，闪电崩盘和持续的熊市是极有可能的。自2012年以来，比特币已经崩盘了80%或更多（这个数字在其他市场被认为是灾难性的）三次;在所有情况下，它都迅速反弹。所有这一切都是因为比特币仍处于价格发现阶段，并且在采用方面迅速增长，因此波动性非常猖獗。综上所述;从历史上看，虽然比特币无疑会崩盘，但它也无疑会复苏。

什么是比特币的 PoW 系统？

PoW 算法用于确认交易并在给定区块链上创建新区块。PoW，意思是工作量证明，字面意思是需要工作（通过数学方程式）来创建区块。从事这项工作的人是矿工，矿工通过股权获得计算努力的奖励。

什么是比特币减半？

减半是一种供应机制，用于控制硬币添加到固定供应加密货币的速度。这个想法和过程被比特币推广开来，比特币每 4 年减半一次。减半是通过有计划地减少挖矿奖励来启动的；区块奖励是给予在给定区块链网络中处理和验证交易的矿工（实际上是计算机）的奖励。从 2016 年到 2020 年，比特币网络中的所有计算机（称为节点）每 10 分钟总共赚取 12.5 个比特币，这就是进入流通的比特币数量。然而，在 2020 年 5 月 11 日之后，奖励下降到每 6.25 个比特币。这样，每开采 210,000 个区块（相当于大约每四年开采一次），区块奖励将继续减半，直到 2040 年左右达到 2100 万个硬币的最大限制。因此，减半可能会通过减少供应而不改变需求来增加比特币和其他加密货币的价值。如前所述，稀缺性推动了价值，有限的供应加上不断增长的需求造成了越来越大的稀缺性。出于这个原因，减半历来推动了比特币价格的上涨，并可能成为长期增长的催化剂。数字归功于 medium.com。

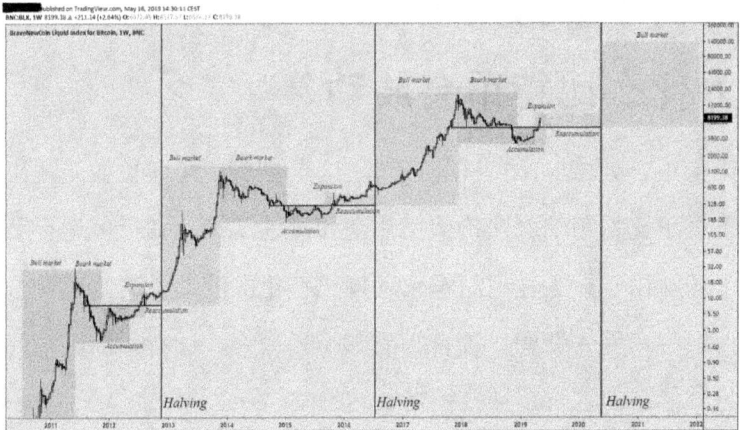

---

[25] https://medium.com/coinmonks/how-the-bitcoin-halving-impacts-bitcoins-price-ac7ba87706f1

为什么比特币会波动？

比特币仍处于"价格发现阶段"，这意味着市场增长如此之快，以至于比特币的真实价值仍然未知。因此，感知价值运行着市场（由于缺乏任何组织来管理比特币的波动性），感知价值很容易受到新闻、谣言等的影响。最终，比特币的波动性将降低，但这肯定需要相当长的时间。

我应该投资比特币吗？

你是否应该投资比特币的问题不仅是比特币的问题，也是你的问题。比特币具有固有的风险，是一种投机性和波动性资产，虽然潜在的上行空间是巨大的，但必须牢记风险和回报的双刃剑。你能做的最好的事情就是尽可能多地了解比特币、加密货币和区块链（以及这些主题的趋势和现实世界的发展），并将这些信息纳入你的风险承受能力、财务状况以及任何其他可能影响你投资决策的变量。

如何成功投资比特币？

这 5 条规则将帮助您成功投资比特币，因为金钱和交易是情感体验：

- ❖ 没有什么是永恒的
- ❖ 不，应该，本来可以
- ❖ 不要情绪化
- ❖ 多样化
- ❖ 价格无关紧要

没有什么是永恒的

截至 2021 年初撰写本文时，加密市场正处于泡沫之中。这被称为加密乐观主义者。人们正在获得的令人难以置信的回报和几乎所有硬币的令人难以置信的上升趋势都是不可持续的;如果这种情况永远持续下去，任何人都可以把钱投入任何东西并获得巨额利润。这并不意味着市场将归零，也不意味着推动增长的概念将失败;我只是想说明，在某个时候，巨大的增长将放缓。这可能是缓慢的和渐进的，也可能是快速的，就像在快速崩溃的情况下一样。从历史上看，比特币经历了涉及大规模牛市的周期，其中最大的一次发生在 2017 年底、2019 年 3 月至 7 月，以及 2020 年 11 月至 2021 年 4 月。在上述牛市中，比特币分别上涨了大约 15 倍（2017 年）、3

倍（2019 年），现在，在当前的牛市中，上涨了大约 10 倍，而且还在增加。在比特币上涨超过 15 倍的前一个案例中，第二年的大部分时间都从 20k 暴跌到 4k。这支持了上述比特币周期的想法，即比特币周期首先有一个巨大的上升趋势，然后跌至更高的低点。这意味着几件事：第一，如果比特币崩盘，持有比特币是一个不错的选择。第二，如果比特币和加密市场在你阅读本文时正在上涨，它可能会在未来几年的某个时候下跌。如果你在阅读本文时它正在下降，那么在未来几年内，它可能会以真正大规模的方式上升。当然，市场生态系统可能会发生变化，但这正是要说明的一点。假设加密货币被大规模采用并成为货币、商业和一般生活各个方面不可或缺的一部分，它将不得不在某个时候稳定下来。那个时间点可能是在 2021 年、2023 年或 2030 年。它可能会多次崩盘和上涨，然后稳定下来，进入一个波动性较小的市场，至少相对于以前的市场而言是这样。

不，应该，本来可以

这条规则取自一位受欢迎且传奇的股票交易员和*节目 Mad Money* 的主持人 Jim Cramer。这个概念适用于所有投资，更不用说各行各业了，并且与规则 #31 息息相关。这个想法通过"没有"会"没有"应该"和"不可能"来表示。这意味着，如果您做了一笔糟糕的交易，请花几分钟时间思考如何从中吸取教训并改进；然后，在那几分钟之后，不要去想你会做什么，

你应该 做什么，或者你可以 做什么。这将使您能够在保持理智的同时学习和改进，因为归根结底，您总是可以做得更好。不要因为失败而自责，也不要让胜利影响到你的头脑。

不要情绪化

情绪是技术交易的对立面。技术交易将当前和未来的行动建立在历史数据的基础上，可悲的是，市场并不关心你的感受。情绪，通常（"不"仅仅是因为通过一个糟糕的过程做出一个好的决定的随机发生）只会伤害你，并带走你已经制定的交易策略。有些人天生就对交易的风险和情绪过山车感到满意；如果你不是，你可以考虑学习交易心理学（因为理解情绪是接受、理性和控制的前身），并简单地给自己时间。基本面分析和中长期交易仍然需要所有这些，但程度较小。

多样化

分散投资可以应对风险。而且，正如我们所知，加密货币是有风险的。虽然任何投资加密货币的人都会承担并可能寻找一定程度的风险（由于风险回报权衡原则），但你（可能）确实有一定程度的风险，你对此感到不舒服。分散投资可帮助您保持在最大风险负荷范围内。虽然我不能说出你的独特情况，但我建议任何加密货币投资者保持一个多元化的投资组合，无论你对一个项目有多相信。资金分配应该（通常）在比特币、以太币或 ETH 替代品（如 Cardano、BNB 等）和各种山寨币以及一些现金之间分配。虽然确切的百分比因个人情况而异（35/25/30/10、60/25/10/5、20/20/40/20 等），但大多数专业人士都会同意这是最可持续的投资方式，在整个市场中获取收益，并降低因一个或几个错误决定而损失大部分投资组合的机会。然而，尽管如此，一些投资者只将资金投入一两个排名前 50 的加密货币，并将大部分资金投入小盘山寨币。归根结底，制定适合您的情况、资源和个性的策略，然后在该策略的范围内实现多元化。

价格无关紧要

价格在很大程度上无关紧要，因为供应和初始价格都可以设置。仅仅因为币安币（BNB）为 500 美元，瑞波币（XRP）为 1.80 美元，并不意味着 XRP 价值 277 倍 BNB；事实上，这两种代币目前的市值在对方的 10%以内。首次创建加密货币时，供应量由资产背后的团队设定；团队可以选择创建 1 万亿个硬币，或 1000 万个硬币。因此，回顾 XRP 和 BNB，我们可以看到 Ripple 大约有 450 亿个硬币在流通，而 Binance Coin 有 1.5 亿个。这样一来，价格就不重要了。就市值、流通供应量、数量、用户、效用等而言，0.0003 美元的硬币可能比 10,000 美元的硬币更有价值。由于零碎股票，价格甚至不那么重要，它允许投资者将任何数量的钱投资于硬币或代币，无论价格如何。许多其他指标更为重要，应该在价格之前考虑。也就是说，由于心理原因，价格会影响价格走势。例如：比特币在 50,000 美元处具有强大的阻力，而这种阻力很大程度上可能来自这样一个事实，即 50,000 美元是一个不错的整数，许多人会下达买单和卖单。通过诸如此类的情况，心理学是价格行为的可行部分，因此也是分析的一部分。

比特币有内在价值吗？

不，比特币没有内在价值。比特币没有任何东西要求它有价值;相反，价值是用户生成的。然而，根据这样的定义，世界上所有没有金本位或白银本位制支持的货币也没有内在价值（除了物质使用，这是微不足道的）。因此，从某种意义上说，所有货币都只有一定程度的价值，因为我们同意它的存在，任何反对或支持使用比特币的论点，因为它缺乏内在价值，也必须适用于法定货币。

比特币会被征税吗？

俗话说，我们不能避税，尽管该行业看似匿名且不受监管，但这样的想法当然适用于加密货币。要获得最准确的信息，您应该访问您的税收机构的网站，以了解有关您所在国家/地区的数字货币税的更多信息。也就是说，以下信息将焦点放在美国制定的规则上：

- 2014年，美国国税局宣布虚拟货币是财产，而不是货币。

- 如果收到加密货币作为商品或服务的付款，则公允市场价值（以美元计）必须作为收入征税。

- 如果您持有代币或代币超过一年，则将其归类为长期收益，如果您在一年内买卖，则为短期收益。短期收益的税收高于长期收益。

- 挖掘虚拟货币的收入被视为自雇收入（假设给定的个人不是雇员），并根据数字货币的美元公允等值缴纳自雇税。最高可确认3,000美元的损失。

- 当数字货币被出售时，利润或损失需要缴纳资本利得税（因为数字货币被视为财产），就像出售股票一样。

比特币是否 24/7 全天候交易？

比特币确实 24/7 全天候运行。这在很大程度上是由于它旨在在全球范围内使用，作为一种真正的洲际工具，并且给定时区，除了 24/7 运营之外的任何东西都不符合该标准。也没有任何动机不这样做。

比特币是否使用化石燃料？

是的，比特币使用化石场。事实上，许多化石燃料发电厂在提供开采加密货币所需的电力方面找到了新的生命。比特币仅通过计算要求消耗的电力与一个小国一样多，相当于全球发电量的 0.55%左右。显然，比特币用户和矿工不想使用化石燃料，向可再生能源过渡是一个主要目标，但对于驾驶汽油动力汽车和许多其他消耗比比特币更多化石燃料的日常活动也是如此。问题实际上归结为意见；那些将比特币视为世界上的先锋力量，帮助人们在不稳定的金融生态系统中提供帮助，并在交易中实现更高的安全性和隐私性的人不会担心 0.55%的全球能源使用量（特别是考虑到向清洁能源长期过渡的承诺），而那些认为比特币毫无价值或骗局的人可能会有完全相反的感觉。应该注意的是，一些加密货币替代品的碳密集度远低于比特币（Cardano、ADA）、碳中和（Bitgreen、BITG）或负碳（eGold、EGLD）。

比特币会达到 100k 吗？

比特币可能会达到每枚硬币 100,000 美元。这并不意味着它很快就会发生，或者这是一件确定的事情;关于比特币通货紧缩性质、历史回报、采用趋势（如果您有兴趣，请研究技术中的"S"曲线）和法定通货膨胀的数据使价格上涨至 100,000 美元成为可能。重要的问题不是它是否会达到 100,000 美元，而是它何时会达到 100,000 美元。大多数这样的估计充其量是有根据的推测。

比特币会达到 100 万吗？

与 100,000 美元不同，比特币达到 100 万美元需要一定的规模。eToro Iqbal Grandha 的首席执行官曾表示，比特币在每枚硬币价值 100 万美元之前不会发挥其潜力，因为那时每个中本聪（这是比特币可以拆分的最小部门）将价值 1 美分。考虑到规模经济和全球大规模采用的潜力（在这种情况下，比特币将作为通用储备货币），价格有可能达到 100 万美元。然而，另一种加密货币以及政府支持的稳定币或数字货币也可以很容易地占据这个位置。总之，应该注意的是，法定货币是通货膨胀的，而比特币是通货紧缩的。从长远看，这种价格动态使 100 万美元的可能性大大增加。然而，最终，任何人都不知道会发生什么，每枚硬币 100 万美元的估值仍然是推测性的。

比特币会继续这么快地上涨吗？

不。从字面上看，这是不可能的。在过去的 10 年里，比特币每年为投资者带来近 200% 的回报[26]，这十年的回报率为 520 万%。鉴于在撰写本文时比特币的市值，持续复合增长 200% 将在 4 到 5 年内超过世界的全部货币供应量。因此，虽然比特币完全有可能继续上涨，但目前的增长率是极其不可持续的。从长远来看，增长必须趋于平缓，波动性可能会降低。

---

[26] 196.7%，由 CaseBitcoin 计算

什么是比特币分叉？

分叉是从另一个区块链创建新区块链的发生。比特币有105个分叉，其中最大的是现在的比特币现金。当算法被拆分为两个不同的版本时，就会发生分叉。存在两种分叉。硬分叉是当网络中的所有节点升级到较新版本的区块链并留下旧版本时发生的分叉;然后创建两个路径：新版本和旧版本。与此形成鲜明对比的是，软分叉使旧网络无效;这导致只有一个区块链。

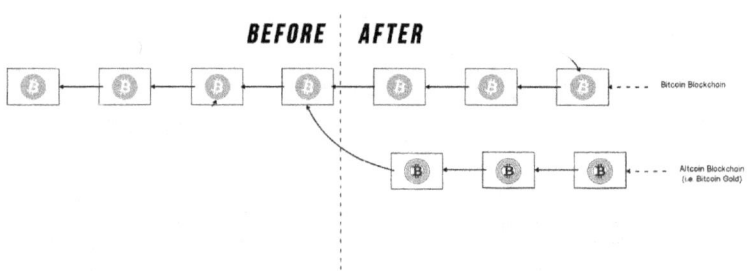

---

[27] 基于图片 Egidio.casati, CC BY-SA 4.0
<https://creativecommons.org/licenses/by-sa/4.0>

为什么比特币会波动？

与股票市场一样，价格根据需求和供应而上涨和下跌。反过来，需求和供应又受到在区块链上生产比特币的成本、新闻、竞争对手、内部治理和鲸鱼（大持有者）的影响。有关比特币为何如此波动的信息，请参阅有关该主题的众多其他问题。

比特币钱包如何运作？

加密钱包是用于管理加密持有的接口。Coinbase 钱包和 Exodus 是常见的钱包。反过来，账户是一对公钥和私钥，您可以从中控制存储在区块链上的资金。简而言之，钱包是为您存储资产的账户，就像银行一样。

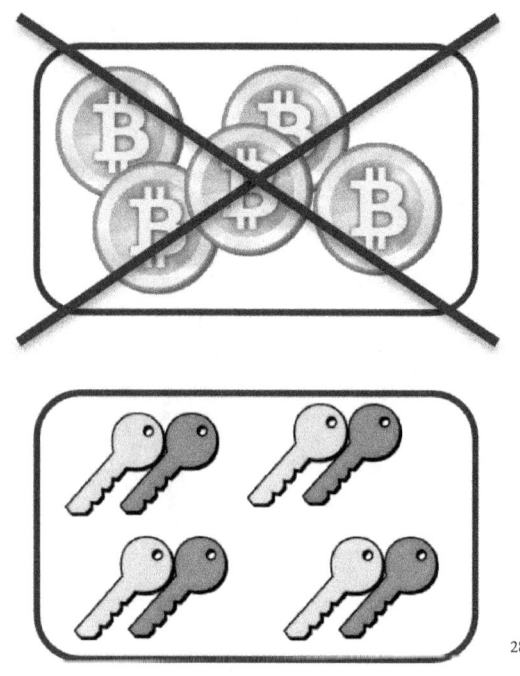

*钱包不含硬币。钱包包含成对的私钥和公钥，它们提供对资产的访问。

---

28 马特乌斯·万德 / CC BY-SA 3.0）

比特币在所有国家都有效吗？

比特币是一个去中心化的计算机网络；所有地址都是不可阻止的，因此可以通过网络连接在任何地方访问。在比特币是非法的国家（其中最大的是中国和俄罗斯），政府所能做的就是打击比特币的基础设施（特别是矿场）和使用。在俄罗斯等地，比特币实际上并没有受到监管，相反，使用比特币作为商品和服务的支付是非法的。大多数其他国家都遵循这种模式，因为同样，阻止比特币本身是不可能的。事实上，美国证券交易委员会（SEC）的海丝特·皮尔斯（Hester Peirce）曾表示，"政府禁止比特币是愚蠢的。鉴于此，可以得出结论，比特币在所有国家都有效，尽管在少数国家拥有或使用硬币是非法的。

有多少人拥有比特币？

目前最好的估计[29]是，全球持有者人数约为 1 亿，大约每 55 个成年人中就有 1 个。也就是说，鉴于加密网络的匿名性，真实数字是不可知的。可以说，用户增长在两位数的高位，比特币每天有几十万笔交易，2+亿人听说过比特币，总共存在大约五亿个比特币地址。

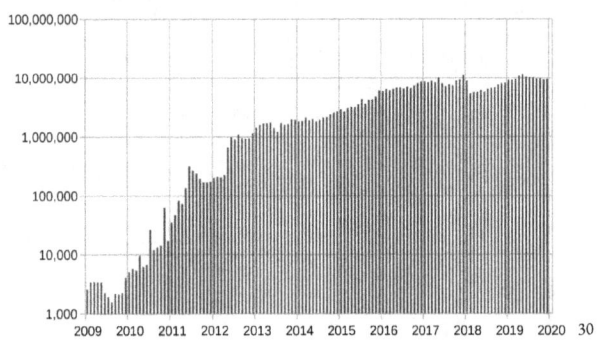

*截至 2020 年，每月比特币交易数量。

---

29 buybitcoinworldwide.com
30 拉迪斯拉夫·梅西尔 / CC BY-SA 4.0

谁拥有的比特币最多？

比特币的神秘创始人中本聪（Satoshi Nakamoto）拥有最多的比特币。他在多个钱包中持有 110 万个 BTC，使他的净资产达到数百亿美元。如果比特币达到 180,000 美元，中本聪将成为地球上最富有的人。继中本聪之后，Winklevoss 双胞胎和各种执法机构是最大的持有者（联邦调查局在没收了丝绸之路的资产后成为最大的比特币持有者之一，丝绸之路是一个互联网市场，于 2013 年关闭）。

你能用算法交易比特币吗？

为了回答这个问题，我将摘录我的另一本关于加密货币技术分析的书。它涵盖了所有基础，占据了几页以上，所以如果你正在寻找一个简短的答案，我会说你可以，但这很困难。

算法交易是让计算机为您赚钱的艺术。或者，至少，这就是目标。正如俚语所说，算法交易者试图确定一套规则，如果将其用作交易的基础，则可以获利。选择并触发这些规则后，代码将执行订单。例如：假设您喜欢使用指数移动平均线交叉（EMA）进行交易。每当您看到比特币的 12 天 EMA 超过 50 天 EMA 时，您就会投资 0.01 比特币。然后，您通常会在获得 5% 的利润时卖出，或者，如果它没有成功，您将损失减少到 5%。将这种首选交易策略转换为算法交易规则非常容易。您将编写一种算法来跟踪比特币的所有数据，在您首选的 EMA 交叉期间投资您的 0.01 比特币，然后以 5% 的利润或 5% 的损失出售。该算法将在您睡觉时、吃饭时、24/7 或您设定的时间内为您运行。因为它只完全按照您的设置进行交易；您对风险很满意。即使该算法在每 100 笔交易中仅有效 51 笔，从技术上讲，您也在盈利，并且可以永远继续下去而无需投入任何工作。或者，您可以查阅更多数据并改进您的算法，使其工作 55/100 倍或 70/100。十年后，你现在是一个亿万富翁，每天每一秒都在赚钱，而你在阳光明媚的海滩上啜饮热带果汁。

可悲的是，这并不容易，但这就是算法交易的概念。用机器进行交易的真正好的假设方面是，收入上限实际上是无限的（或者至少是可扩展的）。请看下面的图表。这是一个算法的可视化，如果满足某些条件，该算法每天交易 200 次。该算法将以 5% 的利润或 5% 的损失退出头寸，如上例所示。假设您给算法 10,000 美元使用，并且 100% 的投资组合投入到每笔交易中。红色表示无利可图的交易（5% 的损失），绿色表示良好的交易，5% 的收益。

根据图表，该算法只有 51% 的时间是正确的。在这一分钟多数情况下，10,000 美元的投资将在一天内变成 11,025 美元，在 30 天内变成 186,791.86 美元，经过一整年的交易，结果将是 29,389,237,672,608,055,000 美元。这是 29 万亿美元，大约是流通中每美元总价值的 783 倍。显然，这是行不通的。然而，现在让我们假设算法在相同的规则下，只有 50.1% 的时

间进行有利可图的交易，这意味着每 1,000 笔交易中有 1 笔额外的有利可图的交易。1 年后，该算法会将 10,000 美元变成 14,400 美元。10 年后，略低于 400,000 美元，50 年后，835,437,561,881.32 美元。那是 8350 亿美元（使用 Moneychimp 的复利计算器亲自检查一下）

这似乎很容易。只需使用历史数据来测试算法，直到您找到一个至少 50.1% 的利润，获得 10 美元，您的孩子将成为亿万富翁。可悲的是，这是行不通的，以下是算法交易者面临的一些挑战：

错误

最明显的挑战是创建一个无错误的算法。如今，许多服务使该过程变得更加容易，并且不需要太多的编码经验，但有些仍然需要一定程度的编码能力，而其余的则需要一定程度的技术知识。我相信你可以想象，在创建算法时的任何失误都可能导致游戏结束。这就是为什么你可能不应该自己编码，除非你真的知道如何编码，在这种情况下，你可能仍然应该咨询朋友！

不可预测的数据

就像整个技术分析一样，对历史模式可能重演的预期是算法交易的基础。黑天鹅事件*和不可预测的因素，如新闻、全球危机、季度报告等，都可能使算法失效，使以前的策略无利可图。

缺乏适应性

不可预测的数据带来的挑战与无法适应新的上下文数据的情况相结合。这样，可能需要手动更新。这个问题的解决方案显然是学习、改进和测试的人工智能，但这与现实相去甚远，如果它有效，可能对市场来说并不那么好，因为一些有影响力的参与者可以简单地将其货币化供自己使用（鉴于它将是一台字面上的印钞机）或与所有人分享，在这种情况下，自我毁灭挑战（如下）适用。

滑点、波动性和闪电崩盘。

由于算法是按照既定规则运行的，因此它们可以通过波动性被"欺骗"，并通过滑点变得无利可图。例如，一个小的山寨币可能会在几秒钟内上涨几个百分点，无论是上涨还是下跌。算法可能会看到价格达到限价卖单并触发清算，尽管价格只是跳回之前的价格或更高。

自我毁灭

假设有一个智能人工智能对所有可用数据进行分类，确定最佳交易算法，将其付诸实践并适应环境，多个这样的人工智能将根除自己的交易策略。例如：假设有 100 万个这样的 AI 存在（实际上，如果它可供购买，会有更多的人使用它）。

所有的人工智能都会立即发现最好的算法并开始交易。如果发生这种情况，由此产生的大量涌入将使该策略变得毫无用处。今天确实发生了同样的情况，除了没有人工智能。真正好的交易策略可能会被多人发现，然后使用和分享，直到它们不再有利可图或像以前那样有利可图。这样一来，真正好的策略和算法就会阻碍他们自己的进步。

因此，这些挑战阻碍了算法交易成为完美的、每周 4 小时工作制、热带度假诱导的印钞机。也就是说，算法当然仍然可以盈利。许多大公司和公司仅基于有利可图的交易算法开展业务。因此，虽然交易机器人不应该被认为是容易赚钱的，但如果提供足够的时间和精力，它们应该被视为一门可以掌握的学科。以下是算法交易的一些亮点以及如何开始：

回测

由于算法接受一定的输入并做出相应的反应，因此算法交易者可以根据历史数据对他们的算法进行回测。例如，在前面的例子中，如果交易者 X 想要制作一个在 EMA 交叉上交易的算法，交易者 X 可以通过在整个市场存在的每一年运行该算法来测试该算法。然后绘制回报，通过拆分测试，交易者 X 可以提出一个公式，该公式在历史上被证明是有效的，而无需实际投入资金。通过这种方式，您可以测试自己的算法并尝试不同的变量，以了解它们如何影响整体回报。要尝试创建和使用交易算法，请查看以下网站：

风险控制

回溯测试是降低风险的好方法。最好的选择是通过有纪律和研究地使用止损和追踪止损。这两种工具在风险管理部分都有详细阐述。

单纯

许多人都有算法交易的概念，需要复杂的、多层次的代码，这些代码涉及多个（如果不是十几个或更多）指标、模式或振荡器。虽然无法解释未知数，但专业人士和非专业人士使用的大多数成功算法都令人惊讶地并不复杂。大多数涉及一个指标，或者两个指标的组合。如果您要进入算法交易，我建议您遵循这条既定路线，但是，也就是说，如果您确实发现了一个极其复杂和卓越的算法，我将是第一个注册的人！

*信用：书籍，加密技术分析

比特币将如何影响未来？

比特币是区块链第一个成功的大规模用例;区块链将如何影响未来的问题比比特币的潜在影响要大得多，其中大部分之前已经报道过。以下是区块链（以及扩展为比特币）将产生或正在产生重大影响的领域：

- 供应链管理。
- 物流管理。
- 安全的数据管理。
- 跨境支付和交易手段。
- 艺术家版税跟踪。
- 安全存储和共享医疗数据。
- NFT 市场。
- 投票机制和安全性。
- 可验证的房地产所有权。
- 房地产市场。
- 发票对账和争议解决。
- 票务。
- 财务担保。
- 灾难恢复工作。
- 连接供应商和分销商。

- 溯源。
- 代理投票。
- 加密货币。
- 保险证明/保险单。
- 健康/个人数据记录。
- 资本准入。
- 去中心化金融
- 数字识别
- 流程/物流效率
- 数据验证
- 理赔处理（保险）。
- 知识产权保护。
- 资产和金融工具的数字化。
- 减少政府金融腐败。
- 在线游戏。
- 银团贷款。
- 还有更多！

比特币是货币的未来吗？

比特币本身是否是"货币的未来"的问题是猜测；真正的问题是，比特币背后的技术和比特币所鼓励的系统是否是货币的未来。如果是这样，投资整个加密货币以及比特币（尽管考虑到比特币中已经有的大量资金，相对于较小的硬币而言，比特币的增长潜力是有限的）是一个非常好的选择。

推动比特币的主要技术是区块链，比特币鼓励的整个系统是去中心化。这两个领域都在众多不断扩大的用例中爆炸式增长，每个领域都有可能影响生活的方方面面，从支付到工作再到投票。引用凯捷工程公司的话，"它（区块链）显著提高了金融、医疗保健、供应链、软件和政府部门的安全性。使用区块链技术的公司包括亚马逊（通过 AWS）、宝马（物流）、花旗集团（金融）、Facebook（通过创建自己的加密货币）、通用电气（供应链）、谷歌（使用 BigQuery）、IBM、摩根大通、Microsoft、万事达卡、纳斯达克、雀巢é、三星、Square、Tenent、T-Mobile、联合国、Vanguard、沃尔玛等。[31] 由区块链提供支持或以区块链为中心的客户和产品的扩展标志着区块链继续成为互联网和离线服务的核心方面。考虑到所有这些，比特币不仅限于对加密货币产生影响，相反，它可以而且很可能会迎来区块链时代。就比特币是货币

---

31 基于《福布斯》的研究。

和支付的未来而言，重要的问题是政府如何应对比特币和加密货币的威胁。有些国家，比如中国，可能会开发自己的数字货币。有些国家，如萨尔瓦多，可能会使比特币成为法定货币。其他人可能会忽略加密货币，或禁止它们。无论政府以何种方式做出反应，他们将被迫做出反应这一事实意味着比特币是旗舰，它将通过成功应用数字和区块链驱动的资产，以某种方式彻底改变世界的金融格局。

有多少人是比特币亿万富翁？

很难知道有多少亿万富翁存在于加密领域，甚至仅仅存在于加密网络中，因为持股通常被分割在多个账户中。然而，不包括交易所，有 20 个比特币地址持有相当于 10 亿美元或更多的比特币，80 个比特币地址持有相当于 5 亿美元或更多的比特币地址。[32] 这个数字很容易波动，因为许多价值 5 亿至 10 亿美元的钱包可能会随着比特币的波动而升至 10 亿美元以上，并且如前所述，出售比特币或拆分其持有量的持有者不包括多个钱包。也就是说，可以肯定地说，至少有二十几个账户，至少有十几个人，通过投资比特币赚了超过 10 亿美元。还有数十人通过投资其他加密货币赚取了数亿或数十亿美元。

---

[32] "前 100 名最富有的比特币地址和......" https://bitinfocharts.com/top-100-richest-bitcoin-addresses.html。

有秘密的比特币亿万富翁吗？

中本聪（Satoshi Nakamoto）是秘密和匿名的比特币亿万富翁的典型例子。在上面的问题（有多少人是比特币亿万富翁？）中，我们得出的结论是，至少有1打人通过投资比特币赚了10亿美元。鉴于这个数字，以及受欢迎的比特币亿万富翁的数量可以一方面计算（个人，不包括公司）这一事实，据推测，世界上一些比特币持有者是远离聚光灯的比特币亿万富翁。考虑到这个想法，你可能在某个时候一直在度过你的一天，并与一位秘密的比特币亿万富翁相遇。

比特币会被主流采用吗？

这是一个有趣的问题。目前，世界上大约有 1%的人使用比特币，尽管在美国等地，这一比例一直偏差到 20%，而在世界其他地区则下降到 0%。为了让加密货币成为主流和大规模采用，它必须具有某种效用。一般来说，加密货币具有作为价值储存手段的效用；一种交易方法，或作为构建网络和去中心化组织的框架。比特币是迄今为止最大和最有价值的加密货币，但它实际上并不是这些类别中最好的加密货币。因此，虽然比特币就是比特币（就像你可以买到比劳力士更便宜的手表一样，它更合身，看起来更好，但你仍然选择劳力士），而且比特币的品牌已经并将走得更远，它不太可能成为世界上加密货币的永久领导者。也就是说，鉴于其品牌资产和规模，鉴于加密货币领域的当前使用趋势和用例，它肯定会被大众和主流采用。

比特币会被其他加密货币接管吗？

在回答这个问题时，我将参考上述问题。比特币虽然在规模和品牌上都很大，但实际上并不是加密领域中最好的。它不是最好的价值储存手段，也不是发送和接收资金的最佳方式，也不是加密用户操作和构建的最佳框架和网络。因此，在短期内，鉴于比特币的纯品牌及其可怕的1万亿美元市值，它不太可能被接管。然而，在几十年或几个世纪内，它很可能会被其他加密货币超越，因为推动它的价值正在瓦解。

比特币可以从 PoW 改变吗？

是的，比特币当然可以从 PoW（工作量证明）系统改变。以太坊始于 PoW，预计将于 2021 年底切换到 PoS（权益证明）。这种转变将使以太坊的能源密集度大大降低，并且更具可扩展性。对于比特币来说，这样的转变当然是可能的，许多人认为摆脱 PoW 是不可避免的。

比特币是有史以来第一种加密货币吗？

中本聪臭名昭著的比特币白皮书于 2008 年发布，比特币本身于 2009 年发布。这些事件被称为各自类别中的第一个；这只是部分正确。

在 1980 年代后期，荷兰的一群开发商试图将钱与卡联系起来，以防止猖獗的现金盗窃。卡车司机使用这些卡而不是现金；这也许是电子现金的第一个例子。

大约在荷兰实验的同时，美国密码学家大卫·乔姆（David Chaum）提出了一种可转让的基于私人代币的货币。他开发了用于加密的"致盲公式"，并创立了 DigiCash 公司，该公司于 1988 年倒闭。

在 1990 年代，多家公司试图在 DigiCash 没有的地方取得成功；其中最受欢迎的是埃隆·马斯克（Elon Musk）的 PayPal。PayPal 引入了简单的在线 P2P 支付，并创建了一家名为 e-gold 的公司，该公司提供在线信用以换取珍贵的奖牌（e-gold 后来被政府关闭）。此外，在 1991 年，研究人员 Stuart Haber 和 W. Scoot Stornetta 描述了区块链技术。几年后，在 1997 年，

Hashcash 项目使用工作量证明算法来生成和分发新硬币，许多功能最终出现在比特币协议中。一年后，开发者 Wei Dai（以太币的最小面额"Wei"就是以他的名字命名的）提出了一个名为 B-money 的"匿名分布式电子现金系统"的想法。B-money 旨在提供一个去中心化的网络，用户可以通过该网络发送和接收货币;不幸的是，它从未起步。在 B-money 白皮书发布后不久，Nick Szabo 启动了一个名为 Bit Gold 的项目，该项目在完整的 PoW（工作量证明）系统上运行。事实上，比特金与比特币相对相似。所有这些项目以及数十个项目最终都进入了比特币;出于这个原因，不能说比特币是推动它的许多概念和技术中真正的第一。也就是说，比特币绝对是所有为其提供动力的技术中的第一个大规模成功;在比特币之前，每一家公司和项目都失败了，但比特币超越了其他公司，并引发了全球对其所建立的技术和概念的大规模转变。

比特币会并且能够不仅仅是黄金的替代品吗？

比特币已经不仅仅是黄金的替代品;它为全球交易网络提供动力并实现，摩擦比黄金少得多。然而，比特币与黄金相比要多得多，因为两者都被认为是价值储存和交易手段。关于这一点，比特币可能永远不会只是黄金的替代品，因为加密货币中的替代品正在成为像以太坊一样的技术和平台，它允许用户利用其称为 solidity 的编程语言来创建 dApp。比特币并不打算做这样的事情，虽然它肯定比黄金更实用，但它在某种程度上被塑造成"数字黄金"的角色。

比特币的延迟是多少，重要吗？

延迟是提交交易的时间与网络识别交易的时间之间的延迟；基本上，延迟是滞后。比特币的延迟在设计上非常高（相对于广播电视的 5-10 秒），以便每十分钟产生一个新区块。降低延迟本质上需要更少的工作来验证块，这与 PoW 的精神背道而驰。出于这个原因，比特币的延迟不应该降低。也就是说，交易延迟是交易所和交易所交易者（尤其是套利交易者）的问题;随着 HFT（高频交易）和算法交易进入加密货币市场，延迟将变得越来越重要。

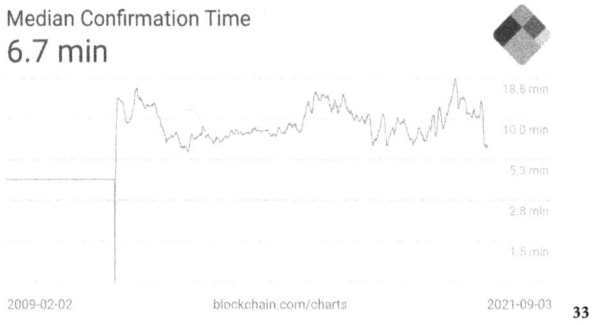

---

[33] 来源：blockchain.com

有哪些比特币阴谋论？

比特币（尤其是中本聪）是阴谋论的成熟环境;只是为了好玩，我们来看看一些。考虑以下完全虚构的内容，就像大多数阴谋论一样，没有一个是可信的：

一. *比特币可能是由美国国家安全局或其他美国情报机构创建*的。这可能是最普遍的比特币阴谋;它断言比特币是由美国政府创造的，它并不像我们想象的那么私密。相反，NSA 显然可以访问 SHA-256 算法的后门，并使用这种访问权限来监视用户。

二. *比特币可能是一个人工智能*。该理论指出，比特币是一种人工智能，它利用其经济动机来激励用户发展其网络。一些人认为是政府机构创造了人工智能。

三. *比特币可能是由四家亚洲大公司创造的。* 这个理论完全基于这样一个事实，即三星的"sa"、东芝的"toshi"、中道的"naka"和摩托罗拉的"moto"，共同构成了比特币神秘创始人中本聪的名字。这是相当确凿的证据。

为什么大多数其他硬币经常跟随比特币？

比特币本质上是加密货币的储备货币，或类似于股票市场的道琼斯指数和标准普尔指数。加密货币市场中大约 50% 的价值完全属于比特币，而比特币是世界上使用最多和最知名的加密货币。由于这些原因，比特币交易对是购买山寨币最常用的货币对，它将所有其他加密货币的价值与比特币联系起来。比特币下跌导致投入山寨币的资金减少，而比特币上涨导致更多资金投入山寨币。由于这些原因，大多数（不是全部）硬币经常（并非总是）遵循比特币的一般看涨/看跌趋势。

什么是比特币现金？

如前所述，比特币存在规模问题：网络速度不够快，无法处理全球采用情况下存在的大量交易。有鉴于此，一群比特币矿工和开发人员在 2017 年发起了比特币的硬分叉。这种名为比特币现金（BCH）的新货币增加了区块大小（2018年为32MB），因此允许网络处理比比特币更多的交易，而且速度更快。虽然 BCH 不会取代或接近取代比特币，但它是解决一个主要问题的替代方案，而原始比特币将如何解决同样的问题仍有待解决。

---

34 乔治斯特姆克 / CC BY-SA 4.0

比特币在经济衰退期间将如何表现？

比特币在经济衰退期间有很大的机会表现良好，尽管这不是一个决定性的答案;比特币起源于 2008 年的房地产危机，但自那时以来尚未经历任何持续和重大的经济衰退（COVID 不计算在内）。在许多方面，比特币是黄金的数字等价物，黄金在经济衰退期间（特别是从 2007 年到 2012 年）一直表现良好，比特币的稀缺性和去中心化性质可能使其成为经济衰退期间的避险投资，不受政府对法定货币和世界通货膨胀货币体系的控制。还应该指出的是，比特币在历史上曾在小规模危机期间上涨：英国脱欧、2013 年国会危机和 COVID。因此，如前所述，比特币在经济衰退期间可能会表现良好（除非经济衰退变得如此糟糕，以至于人们根本没有钱可以投资，在这种情况下，比特币以及所有资产几乎没有机会经历除了红色之外的任何事情）。无论哪种方式，在经济衰退的情况下，比特币以外的大多数加密货币（尤其是较小的山寨币）肯定会遭受巨大损失;大多数几乎都会从地图上抹去。这种情况对山寨币来说将是一个巨大的过滤事件，这对整个市场来说是非常健康的。

从长远来看，比特币能生存吗？

应该考虑的是，从长远来看，比特币将在多大程度上生存；以及采用和使用将增长到什么程度。无论如何，比特币将在未来几十年内在一定程度上存在;考虑到新的竞争和比特币替代品，它在未来几个世纪内大规模持续的可能性不大。尽管如此，只要加密货币存在，它肯定仍然是顶级加密货币（特别是如果实施照明网络等升级）;先验概率纯粹基于这样一个事实，即第一种货币通常不是同类货币中最好的，而且历史上的大多数货币都不会在任何相当长的时间内（大规模地）持续。

比特币和加密货币的最终目标是什么？

加密货币的最终愿景实现了以下目标：

一. 特别是对于比特币，使用户能够以安全的方式通过互联网汇款，而无需依赖中央机构，而是依靠加密证明。

二. 消除对中介机构的需求，减少供应链、银行、房地产、法律和其他领域的摩擦。

三. 消除通货膨胀、狂野的西部（就政府控制而言，因为法定货币已从金本位制中移除）环境所面临的危险。

四. 实现对个人资产的完全安全控制，而无需依赖第三方机构。

五. 在医疗、物流、投票和金融领域启用区块链解决方案，以及此类解决方案可能适用的其他任何地方。

比特币是否太贵而无法用作加密货币？

绝对价格在很大程度上与加密货币无关（以及股票，正如我在其他书中所写的那样）。虽然这个答案已经在交易规则的其他地方进行了介绍，但我将在下面的相关部分回顾一下：

鉴于供应和初始价格都可以设置/更改，价格本身在很大程度上是无关紧要的。仅仅因为币安币（BNB）为 500 美元，瑞波币（XRP）为 1.80 美元，并不意味着 XRP 的价值是 BNB 价值的 277 倍；这两种代币目前的市值在对方的 10%以内。当加密货币首次创建时，供应量由资产背后的团队设定。团队可以选择创建 1 万亿个硬币，或 1000 万个。回顾 XRP 和 BNB，我们可以看到 Ripple 大约有 450 亿个硬币在流通，而 Binance Coin 有 1.5 亿个。这样一来，价格就不重要了。就市值、流通供应量、数量、用户、效用等而言，0.0003 美元的硬币可能比 10,000 美元的硬币更有价值。由于零碎股票的出现，价格就不那么重要了，它允许投资者将任何数量的钱投资于硬币或代币，无论价格如何。价格的唯一主要影响在于心理影响，在交易比特币和山寨币时应对其进行检查。

比特币有多受欢迎？

目前世界上至少有 1.3%的人拥有比特币，考虑到现有的五亿个比特币地址，这使得它非常受欢迎。这个数字包括 4600 万美国人，占人口的 14% 和成年人的 21%，[35] 而另一项研究发现，5% 的欧洲人持有比特币。[36] 然而，更值得注意的是指数级的增长率。2014 年，比特币钱包数量不到 100 万个，自那时以来增长了 75 倍，年增长率为 10 倍（1,000%）。

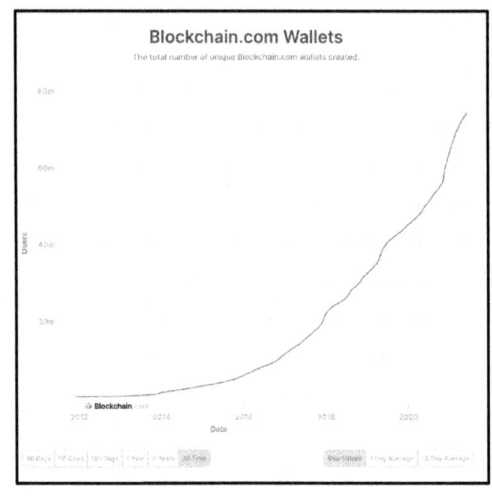

[37] 这种趋势没有停止的迹象，增长（如果有的话）只是在回

---

[35] "美国人口统计……" https://www.infoplease.com/us/census/demographic-statistics。

[36] "• 图表：有多少消费者拥有加密货币？|Statista。2018 年 8 月 20 日，https://www.statista.com/chart/15137/how-many-consumers-own-cryptocurrency/。

[37] "Blockchain.com。" https://www.blockchain.com/。2021 年 6 月 9 日访问。

升。因此，总而言之，比特币非常受欢迎，并可能在未来几十年内达到大规模采用的临界点。

书

- 掌握比特币——安德烈亚斯·安东诺普洛斯
- 货币互联网 - Andreas M. Antonopoulos
- 比特币标准 – Saifedean Ammous
- 加密货币时代——保罗·维尼亚
- 数字黄金——纳撒尼尔·波普尔
- 比特币亿万富翁——本·梅兹里奇
- 比特币和区块链的基础知识——安东尼·刘易斯
- 区块链革命——唐·塔普斯科特
- 加密资产 - Chris Burniske 和 Jack Tatar
- 加密货币时代 - Paul Vigna 和 Michael J. Casey

交流

- 币安 - binance.com（美国居民 binance.us）

- Coinbase – coinbase.com

- Kraken – kraken.com

- 加密货币 – crypto.com

- 双子座 – gemini.com

- e 投睿 – etoro.com

播客

- 彼得·麦科马克（Peter McCormack）的《比特币做了什么》（比特币）
- 不为人知的故事（早期故事）
- 劳拉·辛（Laura Shin）的《Unchained》（采访）
- David Nage 的 Baselayer（讨论）
- 纳撒尼尔·惠特莫尔（Nathaniel Whittemore）的《崩溃》（短片）
- Crypto Campfire 播客（轻松）
- Ivan on Tech（更新）
- Whit Gibbs 的 HASHR8（技术）
- 瑞安·塞尔基斯（Ryan Selkis）的无保留意见（采访）

新闻服务

- CoinDesk – coindesk.com
- CoinTelegraph – cointelegraph.com
- 今日链 – todayonchain.com
- 新闻 BTC – newsbtc.com
- 比特币杂志 – bitcoinmagazine.com
- 加密石板 – cryptoslate.com
- Bitcoin.com – news.bitcoin.com
- Blockonomi – blockonomi

图表服务

- TradingView – tradingview.com
- CryptoView – cryptoview.com
- 阿尔特拉迪 – Altrady.com
- Coinigy – Coinigry.com
- 硬币交易员 - Cointrader.pro
- 加密观察 – Cryptowat.ch

YouTube 频道

- 本杰明·考恩

  Hatps://vv.youtube.com/channel/ukrvak-ux-w0soig

- 办公角

  Hatps://vv.youtube.com/c/koinbureyu

- 苍蝇

  https://www.youtube.com/c/Forflies

- 数据达折号

  Hatps://vv.youtube.com/c/datadash

- 谢尔顿·埃文斯

  Hatps://vv.youtube.com/c/sheldonevan

- 安东尼·庞普利亚诺

  Hatps://vv.youtube.com/channel/usevspell8knynav-nakz4m2w

- 瞄准石

    https://www.youtube.com/channel/UC7S9sRXUBrtF0nKTvLY3fwg/abou 吨

- 云雀戴维斯

    Hatps://vv.youtube.com/channel/ucl2okaw8hdar_kbkidd2kalia

- 山寨币每日

    https://www.youtube.com/channel/UCbLhGKVY-bJPcawebgtNfbw

www.ingramcontent.com/pod-product-compliance
Lightning Source LLC
LaVergne TN
LVHW012022060526
838201LV00061B/4413